放送大学叢書019

西部邁の経済思想入門

西部邁の経済思想入門　目次

はじめに

本書のために筆を執っていたのは、もう二十五年も前、家族を連れてインドへ観光旅行に発とうとしていた折のことであった。その慌ただしい日々のことを、今、まざまざと思い出すことができる。というより、私の執筆はいつも気が引けるくらいに一気呵成の調子なのである。

しかし、少なくとも本書についていえば、それまでの十七年間、私なりに「取りつ置きつ」の思索を重ねてきたのも確かである。つまり、本書は「いわゆる経済学」から私が離れていくゆっくりした過程についての報告書のようなものだ、と受け取っていただきたい。事実、本書出版の翌年に、「大学で経済学について語る」という内心では苦痛なしにすまなかった作業から、自分自身を解放したのである。

私が経済学のコンクリートで固められたような平坦な地面から離陸できたのは、それを近現代に目立つ人間精神の歪んだ特性をメタファ（隠喩）として強調するものにすぎないとみなした、ということによる。一言でいえば、「個人の自由」と「技術の合理」

という近代精神の特性を純粋に延長してみれば、そこにどんな「形式において精緻だが内容において空疎な物語」ができ上がるか、それを語るのが経済学なのだ。「経済学を勉強するのは経済学者に誑かされないようになるためだ」（J・ロビンソン）という意見もある。そういう冷静な学習に本書が寄与するところがあれば、と願わずにはおれない。

このたび、経済学にたいする自分のそうした最終判断を読み直してみて、それが私の炯眼の結果なのか頑固さの反映なのか、判断は読者におまかせするが、修正すべき点は一つもみつからなかった。ただし、紙幅の制限で一部を省略し、また、この二十五年、世界経済に現われた新たな動きにも触れるべく少々の加筆をするようにとの左右社の要請には素直に応じている。おかげで、本書が少し読み易く、また少しはこの二十一世紀の現実に触れ合うことができるようになったと思う。左右社の小柳学氏には、本書の改訂、校正そして出版に当たって一方ならぬ御世話を受けた。深い感謝の意をここに表せていただく。

平成二十四年五月

西部邁

◉第一章

経済思想とは何か

科学と思想

経済学 economics という用語が斯界に定着しはじめたのは、マーシャル A. Marshall の『経済学原理』の出版（一八九〇年）以来のことだといわれている。ここで経済学というのは経済現象を科学的に説明しようとする知識の体系のことである。それまでの経済的知識は、とくに十九世紀において、政治経済学 political economy とよばれていた。そこにあっては、国富のよりいっそうの増大とよりよき分配という実践的な課題が優先させられていて、そのために、価値と認識、イデオロギーと科学、思想と理論とがそれぞれ未分化の状態にあった。前世紀末から今世紀にかけての経済学の成立は、とりもなおさず、科学と思想の分化としてとらえられる。そしてそれ以後の経済学の発展とは、科学 science によって思想 thought が追い払われる過程であったということができる。シュムペーター J. Shmpeter がその浩瀚な経済学説史にかんする書物に『経済分析の歴史』という書名を与えたのも、科学的分析が思想的解釈から独立しうる、またすべきである、という判断があってのことと考えられるのである。

しかし、このシュムペーターの書物それ自体が如実に例証しているように、科学と思想とは分化し切れるものではない。彼はその思想のはたらきをヴィジョン Vision と名づけている。つまり「分析的努力に当然先行するものとして、分析的努力に原材料を供給する分析以前の認知活動」の存在が認められているわけである。このヴィジョンはしばしばイデオロギーすなわち固定観念の体系となって科学的分析を汚染する。シュムペーター自身は、科学における論理と実証をつかさどるルールがこうした汚染をなにほどかくいとめるであろうと期待しているが、はたしてそうであろうか。

経済学においていくつもの学派が並存していたり、ひとたび衰滅したはずの学派が時代の変遷とともにふたたび脚光をあびたりするという事態がよくみられる。これは、シュムペーターのいう「ルール」がかならずしも良好に機能しないことの現れといえよう。思想なりヴィジョンなりは、分析以前のみならず、分析過程にも、さらには分析結果にたいする解釈としての分析以後にも、影響を及ぼさずにはいないのである。それもそのはず、思想とは分析対象にたいする感じ方、見方、とらえ方、近づき方、表現の仕方の総体のことにほかならない以上、思想が科学の全域にからみついて当然なのである。

逆にいうと、経済学説史あるいは経済分析史は経済思想史 history of economic thought として語られることによって、その本質と輪郭とを明らかにするものだということである。この作業は、いうまでもなく、思想の流れにたいする解釈を必要とする。解釈 interpretation は説明 explanation とは別次元にある。科学的説明において用いられる様々な概念の意味を明確にするのが思想的解釈である。もちろん、その解釈作業には解釈者の個人的思想、彼の属する集団の社会思想そして彼の生きる時代の時代思潮などがまぎれこむ。その意味で、解釈は価値判断から自由ではありえない。しかし、自己の価値判断を長い思想史の系列のなかに相対化することを通じて、価値判断の固定化からできるだけ逃れようと努める点に、解釈というものの説得力がうまれるのである。

実際、学説史を追ってみるときにきわめて明瞭になるのは、個々の理論がどれほどつよく時代や社会に制約されているかということである。この面を強調するならば、経済思想史とは経済という名の窓からのぞいた社会思想史なのだということができる。これはある意味で当然のことなのである。というのも、経済といえどもけっして純粋に物質的な過程なのではなく、人間の物質的な営みのなかには、その時代の人間観や社会観などが含まれている。つまり、一言でいうと、人間の経済行為もまた意味・価値を担うものであり、それゆえそうした意味・価値の集まりを社会思想とよぶならば、経済的知識なるものは社会思想をある特定の角度から解釈した結果だということになるわけである。

その特定の角度とは人間行為の技術的側面のことである。技術は、一見したところ、意味・価値から自由な自然科学的な成果と思われるために、経済学もしばしば技術学的な体裁をとってきた。またその方向に沿って、科学としての、あるいは意味・価値から自由なものとしての経済学つまりエコノミックスの提唱がなされてもきた。だが、技術をいかに使用するか、また技術の産物をいかに取り扱うかとなると、やはり社会思想がかかわってくる。経済学者たちが自覚するとしないとにかかわらず、様々な経済学説にはその時代の社会思想が影を落としている。経済思想史とはそうした影の移り行きをさらに解釈するものなのである。

理論と実践

おおまかに分けて、経済的知識には実証的 positive なものと規範的 normative なものとがある。前者は経済が「どうである」かを述べ、後者はそれが「どうであるべきか」を論じるものである。

しかし、両種の知識はさほど截然と区別されはしない。第一に、実証的な分析を行うに際して、いかなる概念や仮説を利用するかとなると、そこに、陽表的あるいは陰伏的に、分析者の規範的な知識が作用している可能性がある。むしろ、それが作用するのが一般的だというべきかもしれない。たとえば、市場均衡においてのみ妥当するような概念を経済学者の多くが用いるのは、市場均衡を望ましいとする彼らの価値判断のせいであるといってまず間違いないようである。もっと一般化していうと、実証的理論の前提をなす公理、公準および仮定は、そしてそれらを表現するための概念はすべてなんらかの言葉によって語られるものであり、そしてあらゆる言葉はなんらかの意味・価値を伴うものである。したがって、いかなる言葉を選びとるかに当たって、すでに規範的な判断が介入していることになるわけである。

第二に、規範的な分析を行うに際して、いかなる目的を設定するかとなると、そこに、実証的な知識がいかほどか作用すると考えられる。たとえば、経済政策の究極目的が一人当たりの消費効用を最大化することにあるとする規範的分析は、実際の経済においても個別効用の最大化という消費者行動がみられる、という実証的な判断によって支えられている。仮に規範的な事柄を理想になぞらえ、そして実証的なそれを現実になぞらえるならば、いかなる理想も、それがユートピアでないかぎりは、かならずや現実によって裏付けられていなければならないということである。

規範と実証のあいだにはもう一つ重要な連絡がある。少なくとも解釈の次元にかんするかぎり、実証されるべきなのはまさしく人々の経済行為における意味・価値がどんなものかということである。人々は、単に自己についてのみならず、社会についても規範的な判断を下して行為している。つまり、経済学を含めて社会科学の一つの重要な仕事は、人々の有する規範について実証することなのである。実証対象が規範にかかわるものでないならば、実証分析と規範分析を区別するのは比較的に容易である。しかし、規範にかんする実証が綿密になればなるほど、実証分析から離れたところに規範分析を展開することの意味が薄くなる。そして規範にかんする独自の考察は、科学よりも思想の領域に、たとえば宗教観の領域に、移っていくのである。

このような留保をつけながらも、実証分析と規範分析の区別が重要であることは承認しなければならない。とくに、経済学が古くより政策科学として発展してきた経緯を考慮に入れるとき、この区別は無視できない。なぜといって、政策とは社会的あるいは国家的な実践であり、実践とは「どうあるべきか」という規範的な基準へむけての選択であり、決断であるからである。たとえばポリティカル・エコノミーにあって、この規範的な論議が実証的な判断のうちに、善くも悪くも、ほぼ分ちがたく混じっていた。事実、ポリティカル・エコノミーの論客たちのうちには、科学者というよりも経世家 stateman とよばれるのがふさわしい人々がたくさんいたのであり、彼らは規範と実証をないまぜにしながら、時世に指針を与えるのを任務としていたのである。

エコノミックスが確立してからも、両者の混淆はつづいている。それは、失業や貧困をはじめとする経済的不安定が人々の生活にとって基礎的に重要な問題だとみなされてきたためである。つまり、マーシャルがいったように、経済学の発展を促してきたのは、「冷たい頭と温かい心」cool head but warm heart という観念だったのであって、その「温かい心」には規範的な関心が、そして「冷たい頭」には実証的な関心がそれぞれ収められてきたという次第である。そして経済学の動向は、おおむね、心が頭を動かすかたちで、ということは規範が実証を率いるかたちで、すすんできた。その過程で、両者は縦糸と横糸のごとく綾なされてきたのである。経済思想史は、この経済をめぐる理論と実践そして実証と規範の錯綜をときほぐすものでなければならない。

注意しなければならないのは、ひとたび実践や規範の次元に論及するならば、ひとり経済学の専門的知識にのみ頼るわけにいかないということである。実際にも、それらについて議論した経済学者はそれぞれに心理学的、社会学的、政治学的、歴史学的などの知見を持ち合わせていた。たとえ専門的な知見でないとしても、そうした多面的な取り組みがなければ実践も規範も成立しえない。したがって経済思想史は、多かれ少なかれ、社会思想史ともいうべき拡がりのなかでしか的確にとらえられないものだということになる。

◉第二章

前近代の経済思想

家政の法

経済思想がなにほどかみるべき水準に達したのは古代ギリシャにおいてであった。経済学という言葉の由来もギリシャ語のオエコノミクス Oeconomicus にある。つまりオイコス（家政）のノモス（法）ということである。当時の家は奴隷制にもとづくものであり、オエコノミクスというのも、要するに、奴隷をかかえた家計の処理法にすぎぬものではあった。しかしそうした素朴な思惟ではあっても、アリストテレス Aristoteles のいうクレマティスティックス chrematistics（致富術）ともかかわりをもちながら、経済問題にかんする合理的考察の断片を残しているのである。

ギリシャの哲学者たちにとっての最大の経済的関心は、ポリスの内部および諸ポリスの関係において、正義あるいは徳を具現しうるような経済的交換および経済的配分の基準を見出すことであった。その意味で、彼らはあくまで規範的な経済分析にかかわっていたということができる。アリストテレスが『ニコマコス倫理学』などで展開したように、交換的正義 commutative justice というのは交換における均衡にかかわることであり、配分的正義 distributive justice というのは貢献にたいする報酬の公平にまつわることである。いずれにおいても、ギリシャ哲学における中心的な観念であったピュシス（自然）とノモス（法あるいは人為）との連関を経済問題のうちに探るものであったといえよう。この点において、いわゆるソフィストたちが主にノモスの側面を強調したのに対し、プラトンそしてアリストテレスは、「本性によって存在する」ものとしてのピュシスにこだわり、そこからある普遍的な正義の基準を導こうとした。この試みは、後に、自然法 natural law の観念を経由しつつ、近代経済思想の誕生に無視しえない影響を与えたのである。

さらにアリストテレスは、財の使用価値と交換価値を区別したり、交換的正義の議論のなかで競争価格あるいは均衡価格の意義に論及したり、貨幣のもついろいろな役割と属性について明らかにしたりしている。それらの経済的知識は、分析というにはあまりにも曖昧なものにとどまってはいたのだが、やはり経済学の原型を提供していることに疑いはない。

ギリシャにおいて芽生えた自然的正義の観念はローマにおける万民法 ius gentium の考えのなかに受け継がれた。またローマ法は、『旧約聖書』における信約 convenant の観念と相俟って、契約 contract の観念を発達させた。つまり、自然法思想と社会契約思想は古代ヨーロッパに起源をもつのである。両者が近代経済思想の確立にどれほど大きく寄与したかを考えに入れるとき、経済思想の淵源もまたギリシャ・ローマに発するといって差し支えないであろう。

公正の法

中世スコラ学の中心人物であるトマス・アクイナス T. Aquinas は、キリスト教とギリシャ学とを引き受けつつ、神学と哲学との分離と結合の様相を明らかにしようとした。『神学大全』に集大成されたトマスの思索はアリストテレス由来の自然法と正義論を含むものであるが、経済思想とのかかわりでいうと、トマスが現代に残す最大のものは公正価格 just price の観念であろう。それは交換における等価性

equivalence の基準を求めるものであり、そこで競争のはたす役割のみならず、いわば過当競争の及ぼす弊害についてもふれられている。いずれにせよ、公正とみなされる価格において取引が行われるべきであるとするトマスの規範的な関心は、それ以後の経済思想の流れにおいても陰に陽に持続したのである。

もう一つスコラ学者たちがつよい関心をよせたものにウズラ usura（利子授受）の問題がある。キリスト教会はウズラの禁止を明言していたわけであるが、中世の経済的発展につれて、利子を生むものとして資本の役割も増大していかざるをえなかった。そこで、ウズラがいかなる条件の下で許容されるかといったような考察が必要になり、そのつながりにおいて、勤労や財産などの意味も追究されることになったわけである。スコラ学における経済的知識は分析の域に達していなかったことは認めなければならない。しかしその概念的な思索のうちに、形式的な分析がしばしば見逃してしまう意味論的あるいは価値論的な側面について、重要な検討がなされていたことも認めなければならないだろう。

スコラ学は、キリスト教の背景からして当然のことながら、公共善 public good または共通善 bonum commune をめざしていた。経済学が経世済民（世を経《たす》け民を済《すく》うこと）の学であるかぎりは、この福祉の目標を手放すわけにはいかない。その意味でも、近代経済思想は分析の緻密さにおいてはスコラ学から遠く隔たったにもかかわらず、スコラ学の思考枠組みのなかにいるということもできるのである。公共善の基準が神の意志から下ってくるか、それとも人間の欲求から上がってくるかという点においては、中世と近代は対照的ではある。しかし、強弱の差はあるにせよ、いかなる時代にあっても経済思想は公共善の観念からまったく自由になったことはない。そのことに留意するとき、スコラ学における公正観念の発達にはいまもくみとるべき論点が多々含まれているのであり、実際、たとえば公正賃金 fair wage をめぐる現代経済学の議論のなかに、それは息づいているわけである。

なお、スコラ哲学にあってはいわゆる実念論 realism と名目論 nominalism との対立がみられた。簡略にいうと、実念論とは観念・概念それ自体が実在であるという考え方であり、名目論とは観念・概念は実在に付された名称にすぎないとする考え方である。このスコラ的な認識からその神学的な内容を抜き去ってみると、実念論と名目論の対立は現代における意味論的解釈の立場と科学的説明の立場との相克にほぼ対応しているということができよう。つまり解釈学の考え方は、人々が自分らに行為に与える意味的連関そのものを社会的実在とみなして、それを解釈しようとする。これに対し科学的説明の考え方は、物質的あるいは技術的な過程が意味的連関から独立した客体として実在するとみなして、それを説明するために様々な概念を名目的に付与しようとするのである。この点においても、近代経済思想は依然としてスコラ的な思考枠と類似したものをひきずっているのである。

自然および契約の法

すでにのべたように、自然法と契約説の思想は古代より連綿として近代に至っている。とりわけホッブス T. Hobbes は、国家の成立を自然状態 state of nature における社会契約 social contract の結果として説明することにより、自然法および契約法の近代的世俗化に決定的な一歩を印した。それ以後、ロック J. Locke およびルソー J. J. Rousseau などによって社会論は発展させられた、もしくは修正されていった。ここで自然状態というのは、論者によって様々ではあるものの、歴史とか慣習の刻印を押されていない、人間の本性が赤裸に開示されるような状態のことである。この自然法思想にもとづく社会契約思想は、歴史とか慣習の存在を重視するヴィコ G. Vico やヒューム D.

Humeなどによって重大な挑戦を受けたけれども、近代をつらぬいている。とくに、近代経済思想はその思潮のかなりに素直な延長線上にあるといって過言ではない。

経済思想とのかかわりに重要なのは自然法および契約説が個人主義individualismあるいは要素論atomismとよばれる方法を強化したことであろう。個人主義とは、社会あるいは集団を説明するに当たって、それらの構成要素たる個人にまで還元して、それらの要素の合成あるいは集計として全体としての社会あるいは集団にまで帰還しようとするやり方である。合成あるいは集計の過程に契約が介在することはいうまでもない。

このような方法の対極にあるのが集団主義collectivismあるいは全体論holismである。つまり社会から個人を、全体から部分を導こうとするやり方であり、たとえば民族精神なるものから国民ひとりびとりの行動を説明するようなのがそれに当たる。いうまでもなく、個人主義と集団主義のいずれをとるかというのは過《あやま》てる二者択一である。説明さるべきは、さらには解釈さるべきは、個人性と集団性の二重的なからみ合いなのである。しかし経済学が個人主義に決定的に傾斜していることは否めない。そしてそれは、近代経済思想が自然法を母とし契約説を父として成立したものであることに起因している。

もし個人主義が単なる方法論にとどまっておれるならば、それはいわば説明の便宜といったものにすぎないといえる。しかし、経済学のみならず一切の社会科学はみずからの分析に意味的な解釈をほどこさずにはおれない。事実、経済学における個人主義もそうした解釈を伴うものなのである。すなわち個人を合理的なものとみなし、その合理的個人が自由に契約をなす場、それが市場であるととらえることによって、市場の均衡をなんらか善き状態として解釈してきたのであった。要するに、経済学における個人主義は方法論をこえて存在論に及ぶものなのである。

確認されなければならないのは、経済学のこうした特質もしくは歪曲の根はヨーロッパ思想の長い流れを踏襲するものだということである。もちろんヨーロッパにも自然法と契約説を懐疑する思想はあったし、時代を下れば下るほど、その懐疑が強まってきたといえる。しかし近代経済思想はその懐疑にあまり注意を払ってこなかったのである。近代経済思想は自然法および契約説をめぐるヨーロッパ思想の全系譜にふかく根差していることをみておかなければならない。

◉第三章

重商主義

国家の哲学

重商主義 mercantilism とは、十五世紀あたりから十八世紀中葉までにおける、貿易差額を重視する一連の経済的知識をさす。簡略にいえば、地金・正貨の流入を極大化するために、安価な原料輸入の促進、製品輸入にたいする高額関税の賦課、製品輸出の奨励、人口増加とそれに伴う低賃金の擁護などがその具体的内容である。貨幣と富とを同一視するその思想は、より赤裸なかたちでは、重金主義 bullionism として表されるのであるが、いずれにせよ、スミス A. Smith が『国富論』においてそれを激しく批判するまでは、数世紀にわたって貿易をつうじる金銀の蓄積が経済政策および経済思想の最大の眼目であったことは確かな事実である。

この事実の背景には、近代国家の揺籃期とそれに並行する近代産業の原始的蓄積期という歴史的過程があった。重商主義の思想は、イギリスにおけるパンフレット作家pamphleteerたちにせよ、ドイツにおける官房学者cameralistたちにせよ、自国の国威と国力を、それだけを、いかに高めるかという目標へむけて論陣を張っていたのである。それゆえ重商主義の政策には、いわゆる近隣窮乏化をもあえて厭わぬ姿勢がつらぬかれていたということができ、その意味で、おおいに国家主義的なものであった。またその国家主義にあっては、国内の低賃金政策を主張するところに端的にみられたように、国家の権力および国家を差配する特定階級の権力が国民ひとりびとりの福祉よりも優先させられてもいたのである。

こういう国家主義を批判するのは容易ではあるが、前世紀および今世紀における諸々の国民国家が国家主義を容易に免れえたかというと、むしろ逆である。いわゆる帝国主義の時代に言及するまでもなく、国家という枠組みは近代における経済のあり方につよい作用を与えつづけてきた。その限りにおいて、重商主義の思想はけっして死滅してはいない。それどころか、国際経済摩擦が随所で深刻になるにつれ、新重商主義neo-mercantilismとよばれる傾きが各国において顕在化しつつある気配なのである。

学説史的にいうと、スミスにはじまる近代経済学の正統は重商主義の思想を、ヘクシャー E. F. Heckscher の『重商主義』に代表されるごとく、過《あやま》てるものとして排撃してきた。しかしドイツ歴史学派は、国家とか民族というものが経済に及ぼす影響を重視するという立場からして当然のことながら、重商主義の思想に対して好意的であったといえる。国家の自給自足と国力の増進が中心的な課題となる時代にあっては、重商主義への回帰が生じがちであるとみて差し支えないだろう。より広くいって、国際経済における自動調整機能が疑われる程度に応じて、重商主義の復活する度合いも強まるのである。重商主義の経済思想には、経済学とよべるほどの体系的知識はほとんど皆無なのではあるが、それにもかかわらず、その「国家の哲学」の生命力はなかなか強靭である。そしてその生命力は、経済と国家との密接なかかわりという土壌から成長してくるものなのである。

保護の哲学

重商主義の代表的論客はマン T. Mun であろうが、彼の『外国貿易によるイングランドの財宝』は、東インド会社の重役たるにふさわしく、植民地貿易にたいする保護主義 protectionism の必要を唱えるものである。つまり、インドに銀を輸出して、インドから香料などを輸入し、それをヨーロッパ大陸に輸出するという過程で生じる貿易差額がイングランドの国力をかたちづくると論じたのである。つまり、貿易独占を弁護するための論拠を探したのである。そのほかに、イギリスに発達しつつあった毛織物工業の保護を主張する論者たちもいた。すなわち、安価な羊毛輸入の助成と国内羊毛の輸出禁止によって原材料を確保したり、奢侈品の輸入禁圧によって低賃金を維持したりといったような保護政策が提案されたのである。イングランドにかぎらず、強弱と広狭を様々にするとはいえ、保護主義こそ重商主義の柱であった。

重商主義者のうちには、自由貿易を支持する者もいたのではあるが、その場合も、自由貿易によって貿易差額が増大するという理由によってそれが支持されたのである。したがって、自由貿易によって貿易差額がかならずしも増大するとはかぎらず、また国家が比較的容易に貿易に介入しうるという事情を考えると、貿易差額の拡大のために保護主義に転じる可能性は強かったといえよう。一般的にいえば、商業資本の側に立つ論者は仲介貿易によって総合的貿易差額が増大することに保護主義の正当性を見出し、産業資本の側に与するものは個別産業を保護するために個別製品ごとの個別的貿易差額を重大視し、そのなかに自由貿易による個別差額の上昇をいう論者もいたということである。いずれにせよ、重商主義の思潮には保護主義が抜きがたく染みこんでいたことは否定できない。

保護主義を批判することは原理的にはたやすい。それが経済活動の縮小を招くことを原理的に説明すればよいからである。しかし、こうした経済学的な原理がそのままのかたちで通用するのは、一つに国際市場の調整が円滑にいく場合であり、ふたつに視野を短期に限定する場合である。たとえば為替市場がきわめて不安定であるとか、短期的には非効率な産業でも長期において効率化が見込まれるとかいった状況にあっては、保護主義がなにほどか必要になる。実際、為替管理にせよ幼稚産業保護にせよ、それらは近代産業がつねにいくぶんかは関与せざるをえない事柄でありつづけてきたのである。さらに、重商主義的な論述のうちには雇用促進にかんするものとか、自給自足にかんするものすらみられる。それらは、失業あるいは戦争といういうきわめて今世紀的な問題にも、一脈通じる議論である。保護主義を一般に肯定することなどできない相談である。国家の枠組みが存在し、また国際市場の不完全性という事実が存在する以上、保護主義もまた存命しつづけるのであり、その意味で、重商主義における「保護の哲学」はまだ命脈を保っているということができよう。

貨幣の哲学

貨幣の蓄積それ自体を富の蓄積であるかのようにみなした重商主義の観念は、マモニズム（黄金狂）と揶揄されても致し方ないような、フェティシズム（物神崇拝）の一種であったろう。また、このフェティシズムは首尾一貫しえない亀裂だらけの錯覚でもあった。つまり、カンティヨン R. Cantillon やヒュームが論証したように、金銀正貨の流入は国内の価格水準を高め、それは輸入の増大と輸出の減少をひきおこして、金銀正貨の流出を帰結するのである。この流出入メカニズムの発見によって、貿易差額に執着する重商主義の思想は根本から揺らがざるをえなかったのである。

しかし貨幣量の増大がただちに価格の上昇に結びつくというのは、貨幣数量説とよばれる仮説に従うかぎりにおいてのことである。貨幣量の増大が経済活動の活発化を促すという因果もありうるのである。その結果、生産物の供給が増えるならば、少なくともそのぶんだけ、価格上昇は抑えられる。重商主義が盛んであったのは近代産業の勃興期であり、貨幣の流入が近代的な取引の規模拡大にすみやかに貢献したであろうことは想像にかたくないのである。

貨幣は実物経済の単なるヴェイルなのではない。それがなければ実物経済の成立も回転も叶わないもの、貨幣とはそういう必須の媒体である。しかも単に価値流通の媒体であるだけでなく、価値蓄積の媒体であり、そして価値決済の媒体である。重商主義の主流はたしかに正貨の流出入メカニズムについて明らかにはしなかったが、それは彼らの関心が貨幣数量説をこえたところにあったからだとも考えられる。いうまでもなく、彼らは貨幣のもつ多面的な機能について分析的な議論をしてはいない。しかし、無自覚にせよ、当時の歴史的段階が要請していた事態に対応していたという意味で、重商主義の貨幣観はかならずしも錯覚ではなく、それなりに合理的であったと解釈することもできるのである。

ケインズ J. M. Keynes もそういうふうに重商主義を解釈する。つまり、貨幣量の増大が利子率を低下させ、それによって投資が刺激され、ひいては雇用も拡大するということである。「重商主義理論における科学的真理の本領」とケインズがいうのはこの点である。ケインズの評価があまりにも一面的であるのは確かである。たとえば、産業革命期にあっては、高い利子率によって貯蓄が増大し、その結果、資本蓄積が増進するという因果系列の方が雇用の拡大に寄与したのではないかという意見もある。また、貨幣量の増加による価格上昇が投資財の購入を困難にさせ、それが利子率の減少による投資増加を相殺するかもしれないのである。

ただし、ケインズがいいたいのはこまかい分析的な事柄である以上に、貨幣の存在が経済の実物面にも影響を及ぼしうるのだという貨幣観そのものを評価せよということであろう。その重金主義的な歪曲のうちにも貨幣の重要性にかんする考察が含まれていたという意味では、重商主義における「貨幣の哲学」はいまもなお尊重すべきなにものかを蔵しているということができよう。

◉第四章

重農主義

生産の理

おおよそ一七六〇年から一七七〇年までのあいだ、フランスにおいてフィジオクラシー physiocratie の思想運動があったといわれている。フィジオクラシーとは「自然の支配」を意味する言葉である。しかし経済思想としては、その創始者ともいうべきケネー F. Quesnay が『経済表』において農業の問題を重視したことに因んで、重農主義とよばれている。スミスの表現を用いれば農業的体系 agricultural system ということである。それまでの商業的体系 mercantile system は、フランスにあって、いわゆるコルベルティスムの破綻をひきおこしていた。つまり宰相コルベール J. B. Colbert は商業、貿易および奢侈品工業を発達させようとしたのだが、その反動で、フランス農業はいちじるしい荒廃を呈する状況に陥った。重農主義者たちは重商主義を批判しつつ農業の再興のために様々な診断と処方を下そうと努めたわけである。

スミスによって高く評価されたのは、重農主義が富を定義するにあたって、貨幣によってではなく、「社会的労働によって年々再生産される消費財」によったという点である。またこのことに関連して、労働を生産的なものと不生産的なものに分けたり、生産と分配の循環的な構造を明らかにしようとした。つまり、生産にかんする分析的接近の姿勢を明確にしたという意味で、ケネーは経済学の誕生期において特別の位置を占めるものとみなされるようになったのである。

『経済表』で主張されているのは、農業だけが投下された資本（地主によって農民に貸し付けられる前払分）を上回る純生産物 produit net を生産しうる、という考えである。工業は農産物の形態を変化させるだけで、生産を積極的になすものではないとみなされた。これは、むろん、過てる理論である。したがって、純生産物から得られる地代に対してのみ税を課そうとする、いわゆる単一税 impôt unique の構想も正当なものとはいえない。経済表 Tableau économique の内容にしても種々の欠陥があることがすでに証明されている。しかしそうした難点にもかかわらず、生産と分配にかんする循環的構造を明示しようとしたケネーの貢献は、少なくとも古典派経済学の成立にとっての重要な契機だったといえる。著名な医者でもあったケネーは、ハーヴェイ W. Harvey の血液循環の理論から想を得て、経済表を描出したのであるが、そこに経済という名の物質的過程を科学的に分析するという経済学の基本姿勢が定められたのであった。

ケネーを嚮導《きょうどう》した先達がいなかったわけではない。カンティヨンの『商業本質論』はケネーに無視しえない影響を与えたのであるし、そのカンティヨンはペティ W. Petty の『政治算術』より多大の示唆を得ていた。つまり、労働をもって富の源泉とみなす考えは、マルクス K. H. Marx も強調したように、ペティに発するのである。のみならず、経済的知識に数量的および数理的な表現を与えるやり方も、ペティ＝カンティヨン＝ケネーという学説的なつながりのなかで保持された。ともかく経済学前史にあって生産の理を究めようとしたのはこの系譜なのであった。

自由の理

重農主義は、重商主義の保護あるいは干渉に反対して自由放任 laissez faire を唱えた。具体的には、とくに優秀なイギリス農業との競争によって良価 bon prix が成立し、それがきっかけになって大農経営方式が普及するであろうと考えた。また、競争によって賃金や利潤は最下限にとどめられ、地主だけが生計費を超過する所得を手にするのであり、それゆえ税制を地租に一元化することができるとも考えた。

この自由放任主義は時代の思想的傾向の反映であるとともに、その傾向にいっそう拍車をかけた。重農主義はチュルゴー A. R. J. Turgot という政治的および哲学的な代表者に率いられ、単なる学説の域をこえて、実践的な運動となったのであった。シュムペーターによれば重農主義者たちとチュルゴーのかかわりは間接的なものにすぎなかったということではあるが、いずれにせよ、自由放任の標語はフランス革命直前の旧体制 ancien régime につきつけられた思想の刃であり、重農主義がそれに加担していたことは疑いえない。またスミスが重農主義に高い評点を与えた最大の理由も、それが自由交換の旗を高く掲げたという思想的な次元にあるということもできる。なおチュルゴーは『富の形成と分配にかんする省察』という書物によっても有名である。経済学は政治という実践の場そして哲学という思索の領域と密接にかかわっていることを示す一つの典型、それがチュルゴーであったわけである。

同じく、前述したカンティヨンの書を重農主義者へと橋渡ししたのがミラボー V. R.

de Mirabeau であったということも注目してよい。彼はケネーの協力者として重農主義の運動の重要な推進力となったのである。ここからも、自由放任が経済学説の範囲をはるかにこえる思想的なひろがりをもっていたことがうかがわれる。というよりも、経済学説の背後にはつねに時代精神が隠されているのであり、そのことをいち早く、また明確に表現したのが重農主義なのであった。重農主義が十九世紀における自由主義を準備した母胎であったかどうかについては疑義があるものの、その一翼を担ったことだけは確かである。ケネーの分析的な成果は、おそらくマルクスを例外として、後代の経済学者にはさほど顕著な影響を残さなかった。しかし、自由主義的な経済思想の源はケネーおよびその周辺に求められるのである。

理性の理

重農主義は「自然の秩序」ordre naturel を信じていた。これはもちろん自然法の思想にのっとるものであるが、重要なのは、重農主義者はその自然法が人間の理性によって啓示されるものだとされていた点である。そしてそれもまた時代精神によく適合するものであった。つまり、いわゆる「百科全書派」Encyclopédie とよばれたフィロゾーフ phylosophe たちの啓蒙思想には理神論 deism の色彩が濃厚であった。フランスにかぎらずイギリスにおいても、「神の見えざる手」invisible hand of Jupiter という表現にみられるように理神論がひろがっていた。

理神論とは、宇宙を合理的秩序をもつものとみなし、その秩序を究極において支えるものとして神がいるとする考えである。ほかの言い方をすると、神の意志は奇跡のような非合理によって啓示されるものではなく、人間の理性によって合理的に説明されうるということである。これが科学的な認識の必要をいうものであったことはいうまでもない。

スコラ学にあっては自然法の現れが歴史によって場所によって相対的であることがおおよそ認められていた。しかし、ケネーがまさしくそうであったように、啓蒙思想期における自然法への執着はより絶対的であったということができる。すなわち「自然の秩序」は不変であるだけでなく、スコラ学におけるような形而上の領域から経済というような形而下の領域にまで降りてきたのである。自然の運行を物質的な次元および道徳的な次元においてけっして妨げてはならない、それが彼らのいう自由放任であった。個人主義的な放縦放埒を弁護するための自由放任ではなく、合理的で調和的な秩序に身を委ねるための自由放任なのであった。その場合、科学の役割は「自然の秩序」をその通りに写しとるところにある。重農主義の学説もそういうものとして提出されたのであった。

その意味で、フィジオクラシーを重農主義と訳したのは経済思想にとって損失であったといえるだろう。「自然の支配」という思想軸が明確にされていたならば、それ以後の経済思想の片寄りがよりすみやかに摘出されたのではないかと考えられる。つまり、自然法といい理神論といい、経済学は永きにわたってそうした固定観念から脱却できなかったのである。たとえばミュルダール G. Myrdal がこの種の観念がいかに経済学を呪縛してきたかを『経済学説と政治的要素』において体系的に明らかにしたのは一九二九年になってからのことなのである。経済学はその端緒からして自然法的な方向に踏み出し、以後あれこれの微細な軌道修正はいくどもなされたけれども、その方向から大きく転換することはできなかった。経済学に対してほぼ引き返し不能の方向指示をなしたという点で、フィジオクラシーはいまも遡及さるべき原点なのである。

しかし、十八世紀後半において、フィジオクラシーより過激でかつ説得力のある理神論的な思想はたくさん発表されていた。それなのになぜフィジオクラシーが特筆に値する存在となりえたかというと、それはおそらく、彼らの思想が比較的に現状追随的であったために、当時の為政者たちから好意的に迎え入れられたという事情が作用しているのであろう。一言でまとめると、フィジオクラシーには階級調和論的な調子がつよい。そのことを端的に示すのがケネーの弟子であるリヴィエール P. M. de la Rivière の『自然的秩序と政治社会の本質』である。そこでは、自由放任へむけての改革を実行するものとして絶対王制が支持されている。つまり合法的専制政体 despotisme légal の提唱である。そしてこの現状の政体および社会構造にたいする容認の態度も経済学にしみこんでいるといってよい。そのことの是非を価値判断としてどう評価するかということよりも、そういう容認の姿勢が経済学の概念構成を歪めてきたことが問題なのである。

◉第五章

古典派の成立

労働の理論

スミスはその『国富論』によって近代経済学の開祖となった。スミス以前は経済学の前史とみなされるようになったわけである。彼は重農主義の生産思想を一歩おしすめて、年々の労働こそが富の源泉であり、富とは労働によってうみだされる年々の所得であるとみなした。労働という概念を中心に据えて経済的知識の体系化を図った。それがスミスのなによりの貢献だったといえよう。ここから、労働を生産的なものと不生産的なものに分け、前者の拡充によって国富を成長させるという単純明快なヴィジョンがつくりだされることになった。そして国富が利潤、賃金、地代にいかに分配されていくか、それにまつわって貨幣、価値、価格がいかなる機能を果たすかなどが包括的に論じられたのである。

工業における労働をも生産的であるとみなす点で、スミスは重農主義者よりも前進していた。彼はいわゆるマニュファクチャー時代の経済学者とよばれているが、それは産業革命の前夜に生きていたということを意味する。そのような近代工業への胎動の時期にあって工業製品を奢侈品とみなし、それゆえ工業労働を不生産的と位置づけるような仕方は採用されるはずもなかったのである。しかし工業製品および農業製品という有形のもののみを富として数え上げたのは彼の限界であった。つまり、一般にサーヴィスとよばれる無形の労働をスミスは不生産的とみなしたのである。

ともかくも彼は労働を富の源泉とみなしたために、また生産物の価値が労働によっていかに規定されるかについて論じもしたので、しばしば、労働価値説 labor theory of value をはじめて体系化したひととみなされている。しかしスミスがどこまで労働価値説に与していたか、種々の疑惑が提出されている。たしかに、労働のみが生産要素であるような「初期未開の社会状態」を想定するところでは、生産物の価値がその生産に投下された労働量によって測られると論じてはいる。だが、このいわゆる投下労働説は、あくまで仮想状態での説明にすぎず、しかも価値測定の基準は労働量というよりもむしろ、労働費用という価格の次元にあったといってよい。その意味で、スミスには価格論とは別物としての価値論はなかったということすらあながち不可能ではないのである。またスミスは、労働のほかに土地や資本といった生産要素を必要とする場合において、ある生産物がどれだけの労働を支配できるかというといういわゆる支配労働説を展開している。しかしこれは、生存水準に固定された賃金率で生産物の相対価格を測るということにすぎないと解釈される。ここにおいても、スミスの関心は価値ではなく価格にあったと考えられるのである。

スミスにおける労働概念の重要さは、価値論よりも分業論の方向にあったとみなすのが妥当である。彼は分業 division of labor によって労働生産性が向上し、分業の発達によって市場規模が拡大することに注目した。彼は資本主義経済が分業によって発展していくという楽観的な長期ヴィジョンを抱いていた。分業の漸次的拡大による経済の持続的な成長、スミスにおける労働概念は、こうした技術的および長期的な見通しをかたちづくるにあたって、その中核にすわるものなのであった。スミスの労働概念を価値論のなかに封じ込めたのはリカード D. Ricardo そしてマルクスの責であって、スミスそのひとは労働価値説という形而上学からは、その痕跡がないというのではないが、相当に離れていたのである。

交換の理論

スミスは工場内における生産工程の分化としての技術的分業だけではなく、企業さらには産業のあいだの生産物の分化としての社会的分業にも注意を払った。後者の場合、生産物の交換 exchange が必要になる。スミスはこの交換を人間のきわめて重要な本性と考えていた。つまり交易性向 tendency to trade こそが人間性の本源だということである。ここまでくると、スミスが近代経済学の祖であることの資格は交換の理論すなわち市場の理論を構想した点にあるのだとわかる。市場的交換を促すのは利己心である。自己自身の利益につきうごかされて交換を行い、それらの交換の積み重ねによって自生的に社会の福祉が高まっていく。これが「神の見えざる手」のはたらきというやつである。スミスこそは社会進化論の始祖だということができる。スミスも自然法の想念にとらわれていたし、理神論の幻想もスミスにおいかぶさっていた。しかし、そうした自然あるいは理神のつくりなす秩序を、市場的交換という形而下の次元に見出したところにスミスの特徴がある。

交換を通じて社会が進歩するという考えは、同時に、自由に交易することの便益を強調することでもある。スミスは重商主義的な保護政策を激しく批判した。重商主義思想はスミスによって論難されることによって経済思想史上に書き留められたということすらできるのである。スミスが保護主義を批判し自由主義を擁護するようになったことについては、チュルゴーやケネーなどの重農主義との交際がなにほどか影響していると考えられている。「明白にして単純な自然的自由の体制」を構想する点では、古典派は疑いもなく重農主義の延長線上にある。

しかし、かかる自然的自由の体制の性格はスミスの市場理論によってはじめて全貌を明らかにしたのである。市場交換が交換当事者たちに利益をもたらすだけでなく、その交換の連鎖が均衡へ収斂していくのでなければ、市場のもたらす帰結について楽観するわけにはいかない。市場の調整過程についての精密な分析は一世紀後にはじまる新古典派の仕事を俟たねばならなかったのだが、すでにスミスのうちにそのおおまかな描写はなされている。利己心もしくは自愛心 self love にもとづく自由交換が利益調和を通じて社会全体の進歩をもたらすという人間観および社会観を打ち立てたという意味で、スミスはひとり経済学のみならず近代市民社会についての諸理論に対し揺るがせにできない礎石を築いたのであった。

スミスの『国富論』はそれに先立つ『道徳情操論』と内的なつながりをもっているという点も見逃しにできない。『道徳情操論』は、簡潔にいうならば、利己心の発動に限界を画するための根拠をたずねようとする道徳哲学の試みである。それを社会的慣習とよぶにせよ社会的通念とよぶにせよ、ともかく「公平な視察者」impartial inspector の存在を想定し、その同感 sympathy をうるように各人が自分の利己心に抑制をはたらかせるところに、社会秩序の根幹があるとされたのである。競争的市場はそうした秩序の具体化にほかならず、そこにおける「公平な観察者」とは競争過程をつらぬく標準的な価格体系だということである。価格によって規制されていく市場の自動調整機構を発見したのがスミスの最大の貢献であり、それは、社会というもののうちに、意図せざるかたちでの進歩をつくりだす潜在力があることを明らかにしたのである。またその思想は当時のイギリスにおける、とくにスコットランドにおける、啓蒙思想の主張を受け継ぐものでもあったのである。

価格の理論

『国富論』においては価値 value という言葉が頻用されており、それは、しばしば、価格のあるべき水準という意味で使われている。この点を強調すれば、スミスにおける自然法の影響は歴然としているといわなければならないのであるが、同時に看過できないのは、価値とほぼ等置されるものとしての自然価格 natural price なるものは、市場において長期的に成立する市場価格 market price の水準を意味することが多く、そこには価値判断的な含意は稀薄である。後にマーシャルは長期価格のことを正常価格 normal price とよんだ。スミスのいう自然価格も価値もそれに近いものと解釈されうる。もちろん、まだ理神論の時代風潮を免れていなかったスミスには、価値を実体として、あるいは交換に先行する内面的な基準としてとらえる傾きがなかったわけではない。しかし、前述したように、彼の関心の焦点はあくまで市場交換の問題にあったのであり、いわゆる交換価値 value in exchange というものも交換比率つまり相対価格の標準値とみなすことができるのである。

スミスにあっては市場の供給面のみが詳しく分析されていて、需要面への言及は少ない。したがって自然価格の決定も標準的な賃金、地代および利潤を加算することによって成立するいわゆる生産費説 theory of cost of production のかたちをとっている。

もし需要面についても配慮したならば、使用価値 value in use の一形態としてのいわゆる効用 utility にも論及し、それにもとづいて需要理論を構成し、ついには需要と供給によって価格が決まるメカニズムについての分析へと至ったであろう。しかしスミスの関心は長期の経済発展にあったのであり、また長期において市場が均衡するであろうことは自明のこととして前提されていた。そうであるかぎり、供給面から自然価格を、あるいは長期正常価格を説明することに不都合はないのである。

ただし、スミスが一種の予定調和論を抱いていたこととの是非は別個に論じられて然るべきものである。そしてその調和論が彼の自然法的あるいは理神論的な傾きから出てきたことも否定できない。その意味で、調和の神秘的基準としての価値はスミスにあっても生き永らえていたということもできる。より穏当な言い方をすると、スミスにあっては価値論と価格論とが未整理なままに並存していたのである。スミス以後、古典派経済学 classical economics はこの価値と価格との関係をいかに概念的に整理するかをめぐって多大の混乱に見舞われたのであった。

◉第六章

古典派の展開

スミス以後リカード、マルサス T. R. Malthus 、ミル J. S. Mill 、セー J. B. Say およびシスモンディ J. C. L. S. de Sismondi などが古典派経済学を様々な方向に発展させ最終的にはそれを解体の直前にまでおしすすめた。スミスによって描出された近代資本主義像はますます微細な点にまで及んで彫琢され、同時に、それが古典派的方法の限界を露呈させもしたのである。時期的には十九世紀の前半、スミスの総合的な概念枠組みを基本的には受け継ぎつつ、そこに分析を加える作業がつづけられたわけである。スミスの場合は、経済もまた一種の哲学つまり総合的な知識によってとらえられている趣があったのであるが、リカード以後、それはあきらかに専門科学をめざしはじめた。十九世紀前半、政治経済学 political economy の確立期にあって仮定あるいは前提を明らかにしたうえで厳密に推論するという思考習慣が普及しはじめたのである。

リカードの数ある仕事のうちで地代論および外国貿易論は、いわば「比較の方法」comparative method を駆使した分析で際立っている。つまり、差額地代論 theory of differential rent は肥沃度のより高い土地により高い地代が支払われる理由を説明するものである。また比較生産費説 theory of comparative costs は、国際貿易の場において、各国が比較的に優位にある産業に特化するかたちでの国際分業が行われる機構を明らかにするものである。いずれにしても、経済主体が様々な選択肢のあいだでの比較をなしながらいかに経済的に有利な選択を行っていくかをみるという意味で、分析的な姿勢を明示したものである。その意味でリカードの『政治経済学および課税の原理』は経済分析の一つの範例となりえている。

リカードとの論争のなかで自らの思想と論理を鍛えていったマルサスもまた、リカードほどではないにしても、分析的であらざるをえなかった。とくに、労働価値説の残滓をひきずっていたリカードに対し、商品の価格が需要と供給の相対関係によって定まることを主張した点では、よりはっきりと価値中立的な分析をめざしていたということすらできる。この需要面への注目は、いわゆる有効需要理論 theory of effective demand（現実に存在する財にたいする需要を有効需要とし、その大きさが一国の経済全体の生産や雇用量を決定するとする理論）として後にケインズから高く評価されたところである。フランスにおいてもセーが需要と供給を全般的に比較する一般均衡論的な接近をはじめていた。総じて、古典派経済学は比較の方法をとりこむことによって生産、流通、分配の諸側面をより精密に分析したといえるであろう。一八二一年にロンドンで創立された政治経済学クラブ Political Economy Club はそうした分析的知識の高まりを象徴するセンターであった。

しかし政治経済学としては当然のことであるが、古典派経済学はつねに政策的な合意を求めて展開されていた。たとえばリカードはいわゆる地金論争 bullion controversy において銀行券発行の縮小と金兌換を提案するあたりから、経済学の研究を開始したのである。また穀物法 Corn Law をめぐるマルサスとの論争も有名である。リカードはそれを廃止して安価な外国穀物を輸入することにより、地主の利益を犠牲にしつつ、低賃金の維持と高利潤の確保が可能だと論じた。それに対しマルサスは、食料自給の必要という政治的理由のほかに、国内農業部門から発生する有効需要の重要性をも指摘して、穀物法を存続させようとした。このように、きわめて実践的な課題との取り組みのなかで経済学が発展していったのである。ミルが平等分配の問題ひいては社会主義の問題に関心を寄せたのもそうであって、その『経済学原理』の中心的なねらいは当時の政治的課題であった分配の問題に経済学がどこまで解答を与えることができるか、その限界を明らかにする点にあったといえよう。

なおミルにおいてその影響を顕著にみることができるように、十九世紀前半は、哲学的急進派 philosophic radicals によるベンサム J. Bentham の功利主義 utilitarianism がひろがった時代である。それは一方で個人主義的な選択を合理化するとともに、他方では「最大多数の最大幸福」the greatest happiness of the greatest number という社会的正義の基準を普及させた。この単純な原理によって様々に急進的な立法あるいは廃法の運動がすすめられたのである。リカード流の個別経済主体および市場経済全体にかんする分析的経済学に支えられた自由交換の擁護は、こうした時代風潮と軌を一にしつつ、たとえばマンチェスター学派の穀物法撤廃運動のようなかたちで具体化したのであった。功利主義にせよ自由主義にせよ、効用の構成要素あるいは自由選択の対象についての比較を要請するものである。古典派経済学は、分析においても政策においても、こうした比較の基盤を自然科学的な厳密さをもって提供するものと期待されたわけである。端的にいえば、経済的利得のために合理的選択を行うものとしてのホモ・エコノミクス homo economicus が、経済学の中枢に座を占めることになったのである。

葛藤の視角

しかし、いくつもの革命や動乱が打ち続いた十九世紀前半にあって、ホモ・エコノミクスの自由交換がそう安易に調和に達すると見込まれるはずもない。リカードにおける実質利潤は、生存水準に固定された実質賃金を商品の実質価格から差し引いた残余として得られるわけだが、ここにすでに資本家と労働者の対抗が内包されている。つまり、価格の次元でいうと、貨幣賃金の上昇は貨幣利潤を引き下げずにはいないのである。またリカードも論じたように、企業による機械の導入が労働者を失業に追い込むという対抗関係もある。セーの場合は、分配は生産要素の生産にたいする貢献度に応じて定まるという機能的分配の考えをとっていたが、古典派の論客の多くは分配決定のうちに、地主と資本家の、そして資本家と労働者の葛藤を読みとっていた。あるいはミルの場合のように、分配は市場競争のみならず社会的慣習の作用をうけて定まると考えることによって、分配決定のうちに社会的制度の直接的な介入をみるものもいた。いずれにせよ、後にマルクスによって強調されるところとなった階級対立の問題に古典派経済学者は留意せざるをえなかったのである。

これを促進するものとして、古典派が労働価値説から脱却していなかったという事情がある。実際、リカードの価値論を踏襲したリカード派社会主義者 Ricardian socialists たちもいたのであって、彼らはたとえば労働全収権つまり労働にたずさわる者のみが所得と財産を獲得する権利を主張したのであった。十九世紀前半は社会主義の黎明期であったことを思い起こすと、古典派経済学のなかに階級間の葛藤が影を落としているのはむしろ当然といえる。

たとえば、古典派の労働供給は生存水準 subsistence minimum の実質賃金率で無限に弾力的だと想定されていた。ということは過剰人口が農村や家族といった共同体のうちに厖大に堆積しているということである。そのなかからいわゆる賃金基金 wage fund に見合った分だけの雇用がなされるというわけである。このように労働者が窮乏と潜在的失業の状態にあることを前提にしたうえでの残余としての利潤という考えは、資本家による労働者の抑圧・搾取という想念につながっていく。シーニアー N. W.

Senior はそういう利潤論に反対して、資本の原資となる貯蓄は消費の延期としての節欲であり、そして利潤は節欲にたいする報酬なのだという節欲説 abstinence theory を唱えた。しかし、このように利潤発生の正当性を論証しなければならなかったということ自体、分配をめぐる葛藤が深刻なものであったことの反映といえる。

またリカードにあって、地主階級と資本家階級のあいだの葛藤も重要視された。彼が想定していたのは、資本家的経営による農業であるが、そこでは利潤率の長期的低下という資本主義にとっての陰気な見通ししかないという。というのも、農業が劣等地に及ぶにつれ、投下労働量が増大し、それに伴う賃金支払の上昇は穀物価格の騰貴をひきおこし、それが地代と貨幣賃金をともに引き上げることによって利潤を低落させるからである。リカードは地主の存在が経済発展を阻害するとみなしたのである。リカードの説に反対して地主の生産的貢献を評価するマルサスのような論者もいた。いずれにせよ、地主と資本家が調和の関係にあるか、それとも葛藤の関係にあるかは古典派にとっての大きな関心なのであった。

ならしてみると、古典派は市場機構を評価するに当たって調和観と葛藤観のあいだを動揺していたということができるだろう。調和観の方は新古典派に、葛藤観の方はマルクス派にそれぞれ引き継がれたわけである。この二様の観点に引き裂かれ、その矛盾をなんとか弥縫《びほう》しようとしたのが古典派の最後にあって総括的な仕事を企てたミルであった。しかしその総合の仕事はおおよそ上辺《うわべ》のものにとどまったのであった。

過剰の予感

古典派の労働供給論および賃金論においてはマルサスの『人口論』が決定的な役割を果たしている。それは、人口の幾何級数的な増加傾向と食料の算術級数的な増加傾向とを比較することによって、窮乏化にたいする社会改革が無効に終わることを予想するものである。人口の過剰は、窮乏による死滅というかたちで調節されるか、あるいは結婚の抑制という人為的手段で防止されなければならないと論じたのである。ともかく、この人口過剰という想定のうちに、古典派をとらえたアンバランスの想念が集約的に表されている。

十九世紀前半は、戦争や革命の影響もあって、恐慌がいくども勃発した。この恐慌の原因をめぐって過剰生産説 over-production theory あるいは過少消費説 under-consumption theory などの原型となる議論が示された。とくにシスモンディは恐慌の問題を自覚的にみすえて、所得・支出が生産につねに遅れること、さらには利潤追求の生産がつねに拡大傾向をもつのに対し、不平等分配の下では消費は縮小する場合すらあることなどを指摘しながら、恐慌の必然性を説明しようとした。その理論は未整備なままに終わったのではあるが、古典派が資本主義経済のもたらす不均衡にはっきり気づいていたことを物語っている。

市場経済が均衡するかどうかは、実物面と貨幣面とのかかわりをどう理解するかにつよくかかわっている。リカードをはじめとして古典派の多くはいわゆる貨幣ヴェイル説 veil of money theory を暗黙のうちに認めていた。つまり、貨幣は実物面での交換に積極的な影響を与えないのであり、貨幣量の増減はただ価格水準の決定にのみ作用するという考え方である。

マルサスは銀行信用が資本蓄積に与える効果にも言及していて、貨幣ヴェイル説を越え出る部分をもってはいるが、いわゆるセーの法則 Say's Law にまとめられるように、古典派の多くは「供給された商品は必ず需要される」とみなそうとした。これは市場不均衡の否定である。過剰生産はたかだか産業部門間の一時的不均衡の現れにすぎないとみなされたわけである。この結論の当否よりも、それを説明するに当たって貨幣の果たす役割が無視されていたということが指摘されなければならない。古典派は貨幣経済の不均衡を事実として経験していたわけであるが、肝心の貨幣を単なる交換のヴェイルとみなしてしまったために、不均衡をもたらす根因にまで接近することが叶わなかったのである。不均衡へのおそれが古典派の全体を多かれ少なかれ彩っているのであるが、その説明はケインズが登場するまで経済学の中心課題とはみなされなかった。そしてケインズこそは実物面と貨幣面との内的つながりを説明しようとした、最初のひとではないとしても、特記すべき人物なのであった。

◉第七章

古典派の変形

搾取の暴露

不労所得にたいする批判は古今東西に遍在する。リカードも地代を不労所得とみなしがちであった。そしてマルクスは、『資本論』において集大成したように、リカードにおける労働価値説を純化することを通じて、資本家の利潤もまた労働者の提供する剰余労働の搾取にほかならず、不労所得の一種であることを明かそうとした。つまり、商品の価値がそれを生産するのに必要な投入労働量によって測られるのだとすると、労働力商品の価値とは労働者の生活資料を生産するのに必要な投入労働量だということになる。それゆえ、生存賃金による賃労働の取引はまさしく等価交換なのであり、そこに搾取をみることはできない。しかし、労働者は生存賃金に見合ったものとしての必要労働を越えて、いわゆる剰余労働を資本家に提供している。これが剰余価値 Mehrwert をうみだすことになり、剰余価値の価格形態が利潤だということになる。等価交換の外被にかくれて剰余価値の搾取がなされている、それがマルクスの資本主義批判の出発点である。

労働価値説を認めるかぎり、マルクスの剰余価値説はおおいに首尾一貫したものだといわなければならない。しかしマルクスの主張はむしろ労働価値説の不毛なることを、少なくとも科学としては不毛なることを、最終的に自己暴露したものだといわなければならない。なぜといって、資本もまた生産に寄与していることが明白である以上、資本の所有者としての資本家が報酬を稼得することになんの不思議もないからである。私有財産制の不当をいうことによって利潤を不労所得とみなすことは可能であろうが、その制度の枠内で財産収入の原理的不当性をいうことはできない。マルクスをおおよそ最後にして労働価値説が近代経済学のなかで姿を消すようになったのもむべなるかなといわなければなるまい。

だがこのことははたして価値論一般の不要を意味するであろうか。マルクスが当初『経済学・哲学草稿』などにおいて指摘していたのは労働の疎外 alienation ということであった。わかりやすくいえば、資本主義的生産の場において労働が喜びとはいえないものに化しているということである。一般的にいって、労働者はあるべき労働形態を意識するであろうし、またあるべき賃金水準をも意識するであろう。それらの意識を公正観念とよぶならば、労働サーヴィスという商品はまさしく人間自身によってなされるものであるために、公正観念とつよくかかわらざるをえない。公正から離れた労働形態あるいは賃金水準は不公正感を労働者のうちに累積させるであろう。マルクスの搾取論はそれ自体としては誤りといわなければなるまいが、市場における自由交換のうちにも公正観念が介在し、それが実現されないとき様々な矛盾をもたらすであろうという文脈においてならば、なおもくみとるべき含意をもっている。逆にいうと、反マルクス派の経済学者はあまりにも安直に自由交換の弁護論に走りがちなのである。

公正観念は社会的通念として成立するものであろう。公正観念が自由交換の場において機能しないということは、そうした通念を支える社会的紐帯が崩壊したということである。そこではたしかに孤立した諸個人の不安な選択が広まるであろう。しかしそれを自由交換の名において正当化するのは個人主義のイデオロギーにすぎない。マルクスの経済学説の誤りはその労働価値説において典型的に表れているのではあるが、そこにおいてすら、経済学をめぐるイデオロギーをいかに解釈するかに当たって、無視しえぬものを残しているのである。

資本蓄積の矛盾

古典派にあっては、年々の賃金基金を資本とみなすというようなやり方に端的に示されているように、流動資本に主たる関心が払われて、固定資本はおおよそ視野の外におかれていた。マルクスが直面したのは機械制大工業がめざましく発展するという状況であったからそうはいかない。耐久財としての機械設備はいうまでもなく固定資本という概念を、マルクスの用語でいえば不変資本という概念を必要とするのである。マルクスが固定資本にまつわる蓄積論をきちんと組み立てたというのではない。資本家は極大利潤をめざし、利潤は一定割合の消費分を除いてすべて資本蓄積に回すという単純な論理があるだけである。しかし、不変資本の可変資本にたいする相対的増大を意味するいわゆる資本の有機的構成の高度化という考えにみられるように、固定資本の蓄積にかんするマルクスの配慮は古典派の域をはるかに越えていたのである。

固定資本の問題が浮かび上ってくると、生産市場における需要と供給が必ずしも円滑に調整されないという論点が出てくる。つまり、固定資本は長期に渡って稼働するものであり、したがって企業は長期見通しをもって行動しなければいけなくなる。長期期待がその通りに現実のものになることは例外をおいてはないのであるから、たとえば過剰設備をもつに至ったり、賃金率の予期せざる上昇のために見込利潤が実現されないという事態に陥ったりする。また、銀行信用の拡大や縮小がそうした循環をいっそう加速させるかもしれない。いわゆる「恐慌の必然性」をマルクスが論証したというのではない。彼の説明は混乱しているし、中途半端なものに終わっている。しかし、固定資本の存在によって市場経済が不均衡に見舞われる可能性がうまれることを見逃さなかったのはマルクスの卓見というべきである。

分析的な資本理論およびそれにかかわる利子理論はベーム＝バヴェルク E. von Böhm-Bawerk やヴィクセル J. G. K. Wicksell をはじめとする後代の研究に俟たなければならなかった。しかしマルクスがそうした問題関心の前芽を示していることは疑いえない。古典派は全般に経済の長期的動向を主要な分析対象としたのであるが、長期的問題の中心にあるはずの資本についてはさしたる考慮を払っていないのである。マルクスは古典派の枠内にあって、資本主義経済の長期的変動の様相を分析しようと企てた。その企てはまったく未完成なままに終わったのであるが、それでも、古典派の限界点に位置して古典派の壁にいくつか致命的な破れ目を与えることには成功したのである。

イデオロギーの暴露

『資本論』第一巻における商品、貨幣そして資本などをめぐる概念的な展開は、科学的説明というよりも、ヘーゲル哲学出自の人物にいかにもふさわしい一種の観念論として読むこともできる。マルクス自身は観念論からの離脱を早くに意図していたのであるが、『資本論』は概念の自己運動にかんする弁証法的な論理と解釈されうるのである。ここで観念論というのはけっして否定的な意味合いにおいてではない。それは、資本主義的な世界において人々が抱く諸観念の論理を明らかにするもの、つまり、観念についての論理なのである。周知のように、マルクスは単なる経済学者ではなかった。『ドイツ・イデオロギー』、『哲学の貧困』、『共産党宣言』あるいは『フランスの内乱』とつづく著作群はヨーロッパにおける十九世紀中葉の観念世界、意味世界、価値世界を総体として解釈しようとする試みである。この一連の作業のなかに『資本論』を位置づけることも可能なのである。

たしかにマルクスは史的唯物論をいうことによって、生産力の発展段階に照応する生産関係が物質的過程となって社会の下部構造を規定するとみなした。そのつながりで「人間の意識が彼らの存在を規定するのではなく、逆に彼らの社会的存在が彼らの意識を規定する」ともいっている。しかし生産力といい生産関係といい、人間はそれらに独得の観念形態を、たとえば商品、貨幣あるいは資本といったような観念形態を与えずにはすまない。物質とよばれるものすらが、実は、技術的観念によってとらえられたかぎりでの物質なのである。

このようにマルクスの仕事を観念論とみなすならば、彼の経済学を、科学的説明ではなく、意味論的解釈として受け取ることができる。マルクスのなしたのは資本主義的な自由交換の場において成立するイデオロギーつまり観念体系を解釈することだったのではないか。少なくとも、そのようにマルクスを解釈することが可能だということはできる。経済学者は商品、貨幣あるいは資本を当たり前の実在物として受け取り、それらの機能的分析に終始する。理論の前提となる諸概念をどう解釈するかという問題は脇に追いやられる。ということは、それらの諸概念に付与されている通俗の解釈に疑いをさしはさまないということである。その通俗の解釈こそ固定観念の体系としてのイデオロギーである。マルクスは時代のイデオロギーが意味するところを暴露し再解釈しようとしたのであり、『資本論』もそうした方向に位置づけることができよう。

またそうするのでなければ、科学的説明の分野におけるマルクスの貢献は世間でいわれているよりもはるかに小さいことが自明である以上、マルクスを経済思想史上で特記する必要もないのである。彼が提出した様々な科学的命題は不完全であり誤謬多きものである。とくに将来にかんする予見については、いわゆる絶対的窮乏化論に代表されるように、おおよそ見当外れに終わった。科学的説明の平面でみるかぎり、マルクスは古典派経済思想の末尾にうまれたいささか奇異な現れといわれても仕方のない存在である。しかし、解釈学的な流れとしていうならば、彼は稀にみる包括性と持続性とをもって資本主義社会における観念体系の意味を解釈したのであった。その解釈に共産主義的な歪曲が混じることが少なくなかったけれども、それにもかかわらず、マルクスの解釈学はイデオロギーからの中立を能《あた》うかぎりめざしていると評価できるのである。

◉第八章

歴史主義

国民の観念

十九世紀の自由主義は世界の最列強国であったイギリスの国益を正当化するものと解釈される。少なくともそういう一面があることは否定できない。自由貿易の結果としてイギリスの国富が後進諸国を犠牲にしつつ増大するだけでなく、自由競争を通じてイギリス国内にますます個人主義的な行動様式が強化されていった。そうした事柄の総体を正当化しえたのが自由主義の経済思想なのであった。また、個人主義や自由主義がゆきわたる状況を分析するために、社会という全体を個人という要素にまで分解し、さらにその要素の性質や諸要素の関係を分析するために、いわゆる仮説－演繹的な抽象が行われたのである。

このような十九世紀の正統的な思潮に対し、とくにイギリスを追う立場にあったドイツにおいて、歴史主義 Historismus とよばれることになった異端がうまれたのである。経済思想としては、まずリスト F. List が『経済学の国民的体系』において国民経済 Volkswirtschaft の観念を押し出した。国家は一つの有機的全体なのであって個人にまで還元してはならないことが強調されたわけである。法や政治や道徳によって国民的統一が確保されているのでなければ、個人の勤勉や節約もその効力を発揮できないということである。この統一はまさに国民の歴史として形成されるのであって、その歴史を確立するために、国内工業の保護やそのための保護関税などが提唱された。ドイツ国内においてもいわゆるドイツ・マンチェスター学派とよばれる自由主義の潮流も存在したのであるが、歴史主義は主にプロイセンの勢力を背景にしながら次第にドイツの主流となっていったのである。

ロッシャー W. G. F. Roscher やクニース G. A. Knies などのいわゆる旧歴史学派はいわば理論なしの事実描写に終わった気配であるが、シュモラー G. von Schmoller やブレンターノ L. Brentano、ワグナー A. H. G. Wagner などの新歴史学派になると様々に方法論的な精練をほどこしたうえでの積極的な主張が行われることになった。彼らは、一方で個人主義に反対するとともに、他方でドイツに台頭してきた社会主義運動とも対決しなければならなかった。言語、人種、習俗、宗教などを含むいわゆる民族精神Volksgeistの概念を中心に据えることによって、国民的統一の漸次的発展をねらったのである。

歴史学派の実際の研究成果はかなり錯雑したものにすぎなかったし、また彼らが国家とか民族精神にイデオロギー的に巻き込まれてしまったことも認めなければならない。しかし、人間の経済活動のうちに国民のエートスつまり倫理体系やモーレスつまり道徳体系がふかく関与しているという指摘はきわめて重要である。そしてそれらがジッテつまり歴史的慣習として国民に共有されるということも大事な論点である。近代経済学のあたりでは歴史主義は過てる態度にすぎぬとして振り返られることも少ない。しかし歴史から無縁なるものとして純粋経済という近代経済学の仮構があまりにも現実遊離の空論に終わりがちであることを思うとき、歴史学派はいまも反省の拠点となりうると考えられる。

社会政策の構想

十九世紀を通じて労資対立あるいは近代的階級闘争の暗雲がたれこめていた。古典派は自由交換という契約の論理をふりかざすことによって、この闘争をイルージョンにすぎぬとみなそうとしたものの、生存水準ぎりぎりのところで行われる契約がおいそれと順調にすすむわけはない。階級闘争はマルクス主義および無政府主義によって鼓舞されつつ次第に激化していった。歴史学派はこの闘争に対して社会政策 Sozialpolitik をもって対処しようとした。それはビスマルクのアメとムチ、つまり社会主義者鎮圧法と社会保険法の組み合せからなる抑圧と宥和の混合策とも呼応するものでもあった。

社会政策は国家が主体となって社会保障を充実させ、そうすることによって階級闘争を緩和させ、国民的統一を企てるような政策体系のことである。そしてその宥和政策のうちには、近代化の進展につれて没落する傾向にある旧中間層を保護するという試みも含まれていた。自由放任でも階級闘争でもない第二の路線をめざしたわけであり、それは現代のいわゆる福祉国家 welfare state の原型をなすものといえる。自由放任の思想は夜警国家 night-watching state と（歴史学派から）揶揄されるような形で、国家の役割を国防とか治安といった最小限のものに限定しようとした。他方、社会主義は国家の計画的介入を最大限にまでふくらまそうとした。歴史学派はそれらの中間をいこうとしたわけである。そしてその路線の正当性を論証しかつ実証するために、民族精神を支えとする国家の有機的統一という構想を立てたのであり、社会政策はその構想を具現するためのものと位置づけられたのである。

当時、ドイツにおける最大の勢力であったプロイセンには強固な王制と官僚制とが存続していた。この制度をどう評価するかは政治的にきわめて重要な論題であった。シュモラーをはじめとする歴史学派の論客はそれらの制度に積極的意義を見出した。あるいは、それらを意義づけるために社会政策の主体としての国家を考えたのである。彼らの主張にあっては、事実判断と価値判断とが未分離なままであり、分析としての客観性が必ずしも保証されてはいなかった。したがって彼らは自由主義の陣営から講壇社会主義と揶揄されもした。つまり、社会政策は国家の介入に道を譲るものであり、それは社会主義への妥協にほかならぬと批判されたのである。その批判の是非はともかくとして、歴史学派が彼らの研究のなかに社会改革的なイデオロギーを色濃くにじませていたことは確かといえよう。

しかし、古典派における自然法的な固定観念さらには経済をあたかも自然法則が成り立つような過程とみなす固定観念とくらべると、それを歴史の構造のなかに置こうとした歴史学派のとらえ方そのものは評価さるべきものである。またそのことの一環として、国家の役割を歴史のなかに位置づけようとした姿勢それ自体も重要なものといえる。社会政策を単に階級有和策という政治の次元でのみみるのは正しくないだろう。歴史主義は、少なくとも構え方としては、経済学を歴史、社会、政治そして文化といった広い連関のなかでとらえようとしたのであり、その学問的パースペクティブのひろがりには、経済問題の解釈として、もっと高い評点を与えてしかるべきものと考えられる。

方法の意識

歴史学派が経済学説史上に残した最大の遺産は、その研究内容であるよりも、研究の方法にかかわる事柄である。しかもそれは、きわめて消極的なかたちで行われた。つまり、歴史主義が批判され、ついには打倒されることを通じて、方法論的な蓄積が残されたのである。まず、メンガー C. Menger が『社会科学および政治経済学の方法にかんする研究』において、仮説－演繹的な方法という立場から、シュモラーの事実ー帰納的な方法を激しく批判した。簡略にいうと、歴史主義の個別具体的な事実研究に対して、普遍抽象的な理論研究の必要を主張したわけである。この方法論は激しくかつ永きにわたりはしたものの、結局は、不毛な論争に終わった。それも当然であって、メンガーとシュモラーの方法の違いは対立として位置づけられるべきものではなく、経済問題にかんするより完全な分析と解釈に至るための補完的な両面のはずなのである。

次にウェーバー M. Weber が、歴史主義の内部からそれを突破するというより強力な批判を『社会科学および社会政策の認識の客観性』などにおいて、展開した。研究者がいかなる論題をいかなる視角から分析するかに当たって、価値判断が作用することをウェーバーは承認する。むしろその自覚を通じて、研究対象である人間行為を、とくにその動機を理解することが可能になる。しかしこの理解を客観性にまで高めるためには、いわゆる理念型 Idealtypus によって歴史的対象を模型化しなければならない。つまり、不断に変転する歴史をまるごととらえることは不可能であって、たかだか理念型を立てることによってそれに漸近できるだけであるというのである。

ウェーバーの批判は、経済活動にまつわる人間精神の意義、それに伴う解釈の問題、その解釈をいかに論理化するかについての手続きなどを周到に論ずるものであり、この批判によって歴史主義はおおよそ敗退させられたといえる。とくにウェーバーは単に方法論的な議論にとどまらず、自らの方法を駆使して、『プロテスタンティズムの倫理と資本主義の精神』にみられるような説得的な研究成果を発表していったために、歴史学派は次第に色あせたものにならざるをえなかったのである。

ウェーバーは合理化 Rationalisierung といぅきわめて近代的な価値基準に焦点を合わせ、また理念型などを用いることによっていかに価値中立 Wertfreiheit の立場を維持するかといぅきわめて近代的な方法論を採用したために、歴史主義にみられたような混濁から逃れることができた。つまり、ドイツの状況にたいする弁護論に走ることもなかったし、歴史的事実の大河に飲み込まれることもなかった。その意味で、ウェーバーは歴史主義をのりこえたのである。しかし忘れてならないのは、ウェーバーが歴史主義のなかから出てきたということである。ウェーバーの関心はまさに歴史解釈にあったのであるし、歴史の中核に道徳、習俗、宗教、倫理などにかかわる価値の問題があることを彼ほど強調した人物も少なかった。ウェーバーの方法は仮説－演繹と事実－帰納のあいだでいかに平衡をとるかという試みだったのである。わかりやすくいぅと、抽象と具体、理論と事実、分析と総合、説明と解釈などの二面性をともに引き受けようとしたわけである。ウェーバーは社会学者であって、必ずしも経済の問題に密着した議論は展開していない。また、その理念型という手続きも、それ以後の諸科学の発展につれて、いまではさして斬新でもないし有効とも思われない。だが、ウェーバーの示したいわば二面性のなかでの平衡という姿勢は社会科学の、というよりも社会にかんする解釈学の、基本的な道標になると考えられるのである。

◉第九章

新古典派の成立

効用価値の理論

一八七〇年代の初め、ジェヴォンズ W. S. Jevons、メンガーおよびワルラス L. Walras がそれぞれ独立に主観的価値理論 theory of subjective value と後によばれるようになった考え方を発表した。いわゆる新古典派経済学 neo-classical economics の誕生である。主観的価値とは消費者が財あるいは諸財の組み合せに対して抱く効用 utility のことにほかならない。これは古典派にあってすでに財の使用価値とよばれていたものに相当するのであるが、使用価値の場合は、消費の財にたいする主観的評価とは別物としての客観的価値とみなされがちであった。主観的なるものとしての効用概念を樹立することによって、経済学は個人主義 individualism の方法およびイデオロギーにしっかりと結びつけられたということができる。つまり、効用を最大にするという個人の合理性にもとづいて経済世界を説明する、それが経済学の格率となったわけである。

人間の満足の度合を示すものとしての効用の概念そのものはギリシャ以来のものであるし、また、古典派の時期にあっても、たとえばゴッセン H. H. Gossen に例をみるごとく、かなりに綿密な検討をほどこされてもいた。新古典派革命はそれを経済学の出発点に据えるとともに、古典派からの離脱は多少とも意識しながら、経済学を個人主義的な方向に転換させたのである。この転換がすぐさま普及したわけではないし、効用概念が変遷をこうむらなかったわけでもない。しかし、前世紀末には効用は経済学における最も基礎的な概念として定着し、それによって古典派の労働価値説はすっかり色あせてしまう結末になったのであった。それ以後、少なくとも（個別の消費者や企業の行動にかかわる）ミクロ分析にかんするかぎり、効用概念は経済学の礎石となりつづけて今日に至っている。

効用がはたして測定可能なものであるか、つまり基数的効用 cardinal utiliry でありうるか、という疑問は当初から気づかれていた。エッジワース F. Y. Edgeworth やパレート V. F. D. Pareto は、いわゆる無差別曲線 indiffenrence curve の道具立てによって、序数的効用 ordinal utility の概念を提出した。換言すれば、選択順序において同位にある諸財の様々な組み合せを無差別曲線によって示し、そのような曲線の集合によって消費者の欲求の順序づけを規定すれば、それでよいということになったのである。しかし、序数的効用の考え方は快楽－苦痛の個人的心理学からなにほどか離れるということを意味する。消費者の欲求に序数的な構造があるとしても、それがいかにして形成されたかという問題が残る。素朴な快楽主義 hedonism に頼らないのだとすると、なんらかの社会的心理によって序数的効用の階梯が定まるというふうに論じることも可能になる。しかし、効用理論の発展史を眺めると、効用はあくまで個人的な領域で形成されるとみなされつづけている。ここに、新古典派における個人主義がどれほどつよい思考の枠組みであるかみてとることができよう。

限界分析の方法

効用概念は、実は、限界効用 marginal utility という概念にまで精密化されることによって、古典派にたいする決定的な批判の武器となりえたのである。古典派にはいわゆる価値の逆説 paradox of value があり、そのために使用価値と交換価値とを統一的に論じることが妨げられていた。つまり、スミスが指摘したように、水の使用価値はダイアモンドのそれより高いのに、ダイアモンドの交換価値は水のそれよりも高いのである。新古典派はこの逆説を限界効用という概念を用いることによって解決したのである。限界効用とは、最後の一単位の消費から得られる効用であり、ジェヴォンズ流にいうと最終効用度 final degree of utility である。重要なのは、諸財の価格比率あるいは交換比率が、自発的交換の下にあっては、それら諸財の限界効用の比率に等しいという命題である。水の全部効用がダイアモンドのそれより高いとしても、最終消費における水の限界効用がダイアモンドのそれより低い以上、水の価格はダイアモンドのそれより下回るのである。

古典派にあっても限界分析に向かう姿勢があったのであるが、それは、たとえば差額地代を論じる場合などに局限されていた。新古典派は限界分析を経済学の全域に及ぼすことにより、効用最大化という目的へ向けての合理的選択の理論を打ち立て、さらには、次節でみるように市場における均衡の理論をも樹立したのであった。古典派の最大の関心は社会に賦存する資源がいかに増大していくかを説明することにあった。それに対し新古典派の主たる関心は、所与の資源が社会のなかにいかに配分されていくかということにあったのである。その配分が市場機構によってなされる場合、限界分析が有効であり必要であることを新古典派は発見したわけである。

新古典派の学説が整備されていくにつれ、限界効用の概念は、次章でもふれるように、限界生産力 marginal productivity の概念へと発展していった。そこで、諸生産要素の限界生産力比率あるいは限界代替率 marginal rate of substitution が要素価格比率に均等するという命題がうみだされたりした。このように限界分析が拡充するにつれ、経済学において数学を応用することの方法的便利が次第に明らかになっていった。メンガーは、その『国民経済学原理』にみられるように、人間の市場的行動と社会の市場的編成とをより広い社会学的あるいは心理学的文脈でとらえようとしていたので数学の応用については消極的ではあったが、ジェヴォンズは『政治経済学原理』にみられるように、またワルラスは『純粋経済学要論』にみられるように、それをむしろ熱烈に追求していた。新古典派の主流は、漸次的であったとはいえ、数学による経済学の形式化をおしすすめたのである。その糸口を与えたのが限界分析であったわけである。

限界分析についても、先に挙げたゴッセンのほかに、クールノー A. A. Cournot、チューネン J. H. von Thünen あるいはデュピュイ J. Dupuit のような先駆者がいた。だが、彼らの業績はミルを頂点とする古典派の権威に圧倒されて、斯界の中心から遠ざけられていたのである。新古典派の成立というのは、価値論における整合性と個人主義的な物の見方とを確立すべく、古典派のなかにおけるそれら異端の系譜に自らを意図的に位置づけたということなのであろう。十九世紀前半から中葉にかけてのヨーロッパの動乱がようやくにして終息したという時代背景のなかで、人間の合理性と市場の調和性とを形式的に分析するというミクロの静学つまり短期の市場分析が促進されたわけである。

しかし、十九世紀後半はいわゆる帝国主義が登場し、それとともに人間の組織化が顕著になりつつあった歴史段階である。人間の合理性とか市場による自動的調整とかが必ずしも円滑にすすまなくなり、それに伴って、容易には形式化できない要因が随所に現れてきた。その意味では、新古典派は時代精神の推移を反映するものとはいえない。むしろ、限界分析をきっかけにして政治経済学とは異なるものとしての経済学がつくられはじめ、それは経済学者の思考にある範型を与え、学説はそれ自身の論理を主たる原動力として、歴史からいささかずれたところで純粋経済学として精練されることになったという方が適切であろう。ワルラスによる純粋経済学の提唱は、事実から遊離した理論というものを正当化する役割を果したのであり、いまもその影響は近代経済学の基本的性格を特徴づけるものとなっている。

一般均衡の仮構

ワルラスは、当時としては驚くばかりの数学的緻密さをもって、自由競争機構 mécanisme de la libre concurrence の純粋模型を分析した。いわゆる模索過程 tâtonnement によって、価格が需給差に応じていかに調整されていくか、同時に需給がいかに変化していくかを連立方程式体系における解の問題として論じたのである。それは市場における諸財および諸価格の一般的依存関係を定式化することであり、市場の一般均衡 general equilibrium の可能性をさぐる試みである。ワルラスのめざした一般性と形式性がその後の経済学に甚大な影響を与えたことは疑いようがない。一般均衡解は存在するかどうか、存在するとしてそれは唯一であるかどうか、さらにはその解は安定的であるかどうかなどの議論がつづけられ、その結果、ワルラス体系は、いまや近代経済学の基軸ともいうべき位置に座ることになったのである。

とくにパレートは、その『経済学提要』において、ワルラス体系を発展させ、いわゆるパレート最適性 Pareto optimality とよばれることになった概念を提出した。それは、「他者の状態を改悪することなしには何ぴとの状態をも改善することのできない状態」をさすのであり、交換当事者たちが互いに改善を求めた結果としてたどりつく限界状態である。そして市場の競争均衡はパレート最適性を満たしていることを論証したのである。ここに経済学は、一種の厚生基準を獲得したことになる。つまり、競争均衡がパレートのいう意味で望ましいものであることがわかったのであり、以後、経済の現実を競争均衡に近づけることが経済学の政策提言における重要な尺度となったのであった。

注意しなければならないのは、ワルラス体系には消費者の貯蓄行動は含まれていたが、企業の投資行動は明示されていないということである。ワルラスのみならずほとんどすべての新古典派がそうであり、この点では、古典派の枠内にあったといえる。貯蓄は投資財の購入のことだとみなされたのであり、結局は、セーの法則を受け入れていたのである。この一事にもみられるように、新古典派における形式的一般化は必ずしも経験的事実を全般的にすくいとろうとするものではなかった。「狐は多くのことを知っているが、はりねずみは一つの大きなことを知っている」というギリシャの諺にちなんで、ある論者は、「ワルラスは狐であるよりもむしろはりねずみであった」といっている。このことは新古典派の全体を通じてなにほどかいえることであろう。

◉第十章

新古典派の発展（1）

メンガーに発する系譜は次章でみるようにオーストリア学派をうみだし、またワルラスに発する系譜は前章でふれたようにパレートによって引き継がれることによってローザンヌ学派をつくりだした。しかし一八八〇年代から今世紀の中葉にかけて経済学の中心はケムブリッジ学派にあったということができる。マーシャルはジェヴォンズより一歩遅れて、しかしジェヴォンズの貢献に対しては冷やかな評価を下しつつ、ピグー A. C. Pigou そしてロバートソン D. H. Robertson とつづくケムブリッジ学派の開祖となり、その流れにおけるいわば異端としてケインズが出てくるという次第になる。本章でマーシャルに焦点を当ててみるのも、それが新古典派革命とケインズ革命とを媒介するという重要な位置にあるからにほかならない。

需要と供給

マーシャルは限界効用理論を受け継ぐのみならず、それに独自の精練をほどこしてもいるのであるが、同時に、イギリス古典派からも決定的に断絶することなく、いわば主観価値と客観価値との総合をめざそうとした。端的にいえば、一方で効用説にもとづきつつ需要理論を構成し、他方で生産費説にもとづきつつ供給理論を組み立て、市場で両者がかかわるところに市場価格が決定されると論じたのである。もちろん、需要関数と供給関数の交差で市場価格が定まるという論理はワルラスがすでに一般的に展開していたところであった。マーシャルはそれらを過度に一般化することなく、経済的な含意を周到に織り込むかたちで、具体化したのである。とくに供給曲線について、彼は主要費用 prime cost と補足費用 supplementary cost との区別や平均費用 average cost と限界費用 marginal cost との区別といったような概念的整理にもとづきつつ、様々に現実的な理論をくりひろげた。また供給曲線についても、いわゆる需要の弾力性 elasticity of demand なる概念を提出して、価格の変化に対して需要がいかに変化するかを論じた。一言でまとめるならば、需要においては限界効用逓減の法則（消費を限界的に増やすことの満足の上昇分が次第に減少していくということ）を、供給においては限界生産力逓減の法則（生産要素を限界的に増やしたときの生産増加分が次第に減少してゆくこと）をそれぞれ重視するかたちで市場の内的構造を明らかにした。

また需給の調整過程についても、ワルラスのような指値人 auctioneer による模索過程という抽象論とは異なるものを考えていた。つまり、企業が自分で価格付け pricing を行うという考えにつらなる可能性をもった、より具体的な状況を想定したのである。そのために、当該の受給量に相応する需要価格 demand price および供給価格 supply price という新しい概念を考案したりしたわけである。

マーシャルがこのように具体性・現実性を犠牲にしない分析を行ったことは、いわゆる部分均衡 partial equilibrium（すべての市場についてではなく、その一部の市場について均衡が成立していること）の提唱にはっきりとみてとることができる。ワルラスのように市場の一般均衡を問題にするときには、分析の方法が数学的になる。マーシャルは、数学的な力量を十分に有しながらも、数学の過度の使用によって経済的合意が単純化されたり捨象されたりすることを嫌った。彼は仮説－演繹の方向における分析を可能なかぎり追求するとともに、経験－帰納の方向の把握をも大事にしたのである。マーシャルが新古典派の中枢に立ちえたのは、イギリスの国力が背景にあったことも確かであろうが、それ以上に、合理論と経験論との総合を図ったからであり、しかもそれをきわめて平易な表現によって説得的に論じたからだと思われる。

その『経済学原理』の根底にあるのは、ワルラスにみられるような力学的思想ではない。マーシャル自身の言葉によれば経済生物学こそが彼の経済観なのであった。つまり、有機的に進化しゆくものとして経済をとらえたのであり、その経済進化の中心に自由企業 free enterprise があるとみなされたのである。マーシャルの主たる関心は産業および企業という経済組織の問題に向けられていた。その意味で、彼の認識論および方法論は新古典派に特有の個人主義とは一線を画するところがあったのである。彼が部分均衡という一般性を欠く分析方法をあえて採用したのも、経済という有機体の構造と変化をとらえるのがいかに難しいかということ、そして純粋経済学という虚構がいかに不毛であるかということを自覚したうえでのことである。

短期と長期

マーシャルは自由企業体制がいかに成長していくかに関心を寄せたのであり、その意味で、彼のものの見方は動学的 dynamic であった。経済動学を構築するには至らなかったのではあるが、そうした志向がマーシャルの全作品をつらぬいている。彼は経済学における時間要素の重要性をはっきりと見抜いていた。そのことを示すために、彼は短期 short-run と長期 long-run といったような期間の区分を導入した。短期とは資本設備が一定であるような期間のことであり、長期とはそれが変化しうる期間のことである。

マーシャルの時間論は残念ながら不十分なものにすぎなかった。なによりも、長期が短期の連続であるという当然の事実を忘れて、長期という単位期間があるかのように設定したのは、長期を別種の静学として扱うことにほかならず、真の動学化を封じるものであったといえる。しかし、それにもかかわらず、その長期分析のなかに近代産業の示す収穫逓増（生産規模が増えると生産が効率的になり生産量が増えること）現象をなんとか取り込もうとしているというような点で、マーシャルは古典派にみられた巨視的動学の展望を継承しようとしていたのである。とりわけ、その長期正常価格 long-run normal price の概念は、価格形成を効用ではなく生産費の側から説明するという点で古典派的であり、また価格の正常水準を求めるという点でも自然価格にこだわった古典派と一脈通じるところがある。

さらに強調しておかなければならないのは、マーシャルにおける競争の概念にはきわめて現実的な配慮がほどこされていたということである。そこには、曖昧なかたちではあるが、寡占的競争の含意があるのであって、企業が時間をかけて自己の販路を主体的に形成していくことに注意が払われている。彼の経済世界が動態的かつ寡占的なるものとしてイメージされていたという意味で、ダーウィン流の自然淘汰の考え方の延長線上にあるといえる。

新古典派はミクロ静学の特徴をもつと一般にいわれ、またマーシャルもその枠内におおよそいるのであるが、そこからはみでるものを多々有していることも否定できない。長期において何が生じるか、それが彼の究極の関心であった。いわゆる「マーシャルの時代」にあって、その関心は分析の域にまで高められることはなかった。エッジワース F. Y. Edgeworth は無差別曲線や契約曲線 contract curve にかんする数理的な分析を追っていたし、限界生産力説の精緻化を図っていた。つまり、長期の問題は彼の関心外にあった。経済動学への動きはケインズ以後から始まるのであり、マーシャルはただそれへの思想的見通しを控えめに語ったにすぎないといえよう。しかし、今世紀中葉における不完全競争の理論や経済変動論への萌芽がマーシャルのなかにあったことは確かなのである。

産業と厚生

マーシャルの考えた企業は各個別々に固有の性格をもつものであった。森が様々に異質な樹木の集まりであるように、産業も異質な企業をたくさん含むものである。彼はいわゆる代表的企業 representative firm という概念によって産業の全体を縮図的に表そうとしたのではあるが、産業および企業というもののもつ複雑さを無視するようなことはしなかった。たとえば、企業は規模を拡大するにつれて規模の利益を発揮する。これが内部経済 internal economy である。また産業の規模が大きくなるにつれ、集積の利益などのかたちで、企業相互間に直接の利益が及ぶ。これが外部経済 external economy である。ピグーはこれをさらに発展させて、混雑の不利益などによる外部不経済 external diseconomy の存在を指摘したわけである。

マーシャルが産業の問題に格別の注意を払った一つの理由として、近代産業社会における貧困の存在に彼が注目しつづけたという事情がある。つまり、彼にあって経済厚生 economic welfare への関心は経済分析をすすめるための原動力なのであった。ケムブリッジ学派は科学としての経済学つまりエコノミックスをつくりあげようとしたのではあるが、それは必ずしも価値観を放棄することではなかった。貧困や不平等を解決するための処方を書くのは経済学の当たり前の仕事とみなされてもいたのである。またホブソン J. A. Hobson のような異端的論客が自由企業体制の欠陥を激しく摘発している状況にあっては、自由企業体制の厚生的意味とその改善について論じるのは時代の要請でもあったろう。

消費者余剰 consumers' surplus の概念はそうした関心の結実だといってよい。消費者余剰というのは、消費者が支払分よりも多くの利得をうることをさすものである。その余剰を大きくするのが経済厚生の一つの指標となり、そして競争均衡の状態を達成するのがそのための重要な手段となるのである。厚生経済学はピグーによって体系的な検討が加えられた。外部経済もしくは外部不経済があるとき、競争均衡は経済厚生を極大化しはしないこと、それを極大化するには補助金や課税によって政府が介入しなければならないことなどが論じられたわけである。つまり、私的な生産性と社会的な生産性とがくいちがう場合、政府によってなんらかの補正がなされなければならないということである。

こうした企業間、消費者間あるいは企業と消費者のあいだにある直接的な依存関係にかんする考察はあきらかにマーシャルを端緒とするものである。近年、外部不経済の問題が環境問題というかたちで脚光をあびている。それへの原理的な視角を与えるという意味で、ケムブリッジ学派の遺産は古くて新しいといわなければなるまい。

なおマーシャルはいわゆるケムブリッジ交換方程式とよばれる貨幣数量説（物価水準の上下は貨幣数量の増減に比例するとする説）の考え方を出したのでも有名である。マーシャルの後継者たちが、とくにロバートソンが、この考え方を修正・発展させるなかで、金融政策と価格変動のかかわりについての理論をつくりあげていったのである。ともかくマーシャルはきわめて包括的な構えのうちに現実の複雑さを包摂しつつ、なおかつ理論的な明晰さをも失うまいと心がけた学者であった。その総合力によってケムブリッジ学派が経済学の主流になりえたのだということができよう。

◉第十一章

新古典派の発展（2）

すでにみたように、古典派においては資本とは賃金基金 wage fund のことだとみなされていた。リカードの機械論やマルクスの資本論において固定設備の問題が独自に論じられつつあったものの、それすら労働価値説によって曇らされて、労働の対極にあるものとしての資本は依然曖昧なままに残されていた。新古典派革命が起こっても、資本の問題は背景に退いたままでいた。つまり、効用価値説は消費者の主観世界に切り込みはしたが、企業の内部に僅かしか踏み込むことができなかったのである。マーシャル以後の新古典派の論客は、大なり小なり、資本の問題をいかに説明するかという点に研究の焦点を当てたといえるであろう。

オーストリア学派のベーム＝バヴェルクは、『資本の積極理論』において、いわゆる迂回生産 Produktionsumweg つまり「資本財の生産と蓄積によって消費財の生産を増やすこと」こそが資本の本質であるとみなした。これはウィクスティード P. H. Wicksteed やアメリカのクラーク J. B. Clark によって詳しく展開されたいわゆる資本の限界生産力と同じ流れにある考え方といえよう。つまり、資本にたいする分配の根拠はその生産性にあることをいうわけで、その点で、マルクスの剰余価値説を否定するものである。これ以後スウェーデンのウィクセル J. G. K. Wicksell にしてもアメリカのフィッシャー I. Fisher にしても、資本の限界生産力という概念を彼らの資本理論における一本の柱として採用したのである。

しかし、生産性をいう場合の資本とは生産過程における実物資本 physical capital のことであり、したがって、それにたいする分配も利潤 profit ということになる。後に議論となるように、こうした実物資本を一個の集計量として表すことはきわめて困難である。そこで、なんらかの貨幣量で示されたものを資本とみなすほかない。しかし、こうした貨幣的なるものとしての資本は、貨幣利子率という割引率の大きさによって、その大きさが変動させられるものである。他方、利子率は貨幣的な資本にたいする需給によって変動させられる。のみならず、実物資本は労働と代替関係にあるのであるから、利子率と賃金率のあいだにもなんらかの相関があるということになる。このように複雑な連関のなかに置かれている資本をいかにとらえるかをめぐり、前世紀末から今世紀初めにかけて、いくつかの激しい論争が展開されたのであった。その錯綜した議論のなかでも一つ明らかなのは、いかに測定するかは別問題として、実物資本の限界生産性なる概念が、労働の限界生産性という概念と並んで確立されたことであり、それらが分配の決定においてなんらかの重要な役割を果たすと認識されたことである。このことによって新古典派は、一方において労働価値説の残影を完全に追い払うとともに、他方で効用価値説が消費者心理の主観のうちに閉じこもるのを阻止したのである。

利子の理論

だが、度重なる資本論争の眼目は利子論にかかわるものであった。ベーム＝バヴェルクは現在財と将来財のあいだに打歩《うちぶ》 agio が成立することに注目し、いわゆる時差 Zeitagio の利子論を組み立てた。資本の需要が迂回生産の利益または資本の限界生産性にもとづくのに対し、資本の供給は時差割引によるということである。この時差論をいっそう厳密に規定したのがフィッシャーの『利子率』における時間選好 time preference つまり「将来に消費することよりも現在に消費することを好む程度」の概念である。この主観的な時間選好率と客観的な市場利子率のあいだの大小関係にもとづいて資本の需給が決まるわけである。さらにフィッシャーは、資本の限界生産力という考え方を発展させて、いわば投資の収益率なる概念を提出し、それと利子率との大小関係によって投資が定まるというふうに考えた。いずれにせよ、貨幣資本と実物資本との関係を、時間という次元のうえで説明しようとする試みである。

またウィクセルは、ベーム＝バヴェルクの理論を修正・発展させつつ、たとえば『金利と物価』において、資本における実物面と貨幣面とが必ずしも調和しないことを主張した。つまり、彼が自然利子率 natural rate of interest とよぶところの実物資本の限界生産力と貨幣市場で定まる貨幣利子率 money rate of interest とのあいだに乖離があるならば、物価の累積的変化が生じると論じたのである。ここに、資本を媒介にして経済の実物面と貨幣面がきわめて複雑に連関すること、そしてそれは価格の変動などを伴いながら、経済に好況や不況といった循環をもたらしうるものであることが明らかにされたのである。ウィクセルの考えはハイエク F. von Hayek の『価格と生産』に受け継がれていっそう綿密な分析を加えられることになった。

しかし、こうした資本利子論の展開は、問題の複雑性のために、しばしば混乱にみちた議論となってしまった。部分的にはおおいに重要な論点がいくつも指摘されたのではあったが、資本あるいは利子をめぐる全体像が把握できないような議論が少なくなかったのである。後にもふれるように、ケインズはきわめて大胆なかたちでこの実物面と貨幣面とのかかわりを浮き彫りにするのにかなりの成功を収めたといえるであろう。ケインズ以後、この資本利子論が経済学の中心的話題となることはなくなってしまったといって過言ではない。

しかし、ケインズの枠組みはあくまでマクロ的なものである。ミクロの次元において、つまり投資家や企業や個別産業の次元において何が生じているかは、ケインズにおいて不明瞭である。資本利子をめぐる内面的な議論をする場合には、この混乱した資本論争に秘められている幾多の教訓にも学ばなければなるまい。

企業利潤の理論

マーシャルは資本家とは異なるものとしての企業家 entrepreneur の存在に、不明確ではあるが、気づいていた。労働雇用にたいする賃金支払や借入資金にたいする利子支払を差し引いたものは既存の固定資本にたいするいわゆる準地代 quasi rent であるが、それは資本家にたいする分配となる。企業利潤は企業独得の貢献によって、たとえばマーシャルの挙げた「組織」などの要因によって、説明されなければならないということになるであろう。たとえば配当などのような資本にたいする分配とは異なった次元にあるものとして、企業家の獲得する利潤をいかに説明するか、これも新古典派に残された課題なのであった。

シュムペーターは、『経済発展の理論』において、企業家の行ういわゆる新機軸 innovation こそが利潤の源泉なのだとした。新しい製品、新しい生産方法、新しい市場、新しい原料供給源そして新しい産業組織、それらをつくりだすのが（情報の）新結合 neue Kombination であり新機軸である。企業の新機軸に対して支払われるのが企業利潤であり、そうした新機軸のない静態経済 static economy では企業利潤は消滅するはずのものだとみなしたわけである。ここに新古典派は、シュムペーターがどこまで新古典派的であったかは議論の多いところであろうが、ともかく動学への展望を与えられたといえる。また、ナイト F. H. Knight も、『危険、不確実性および利潤』において、確率計算の対象になりうるものとしての危険は保険によって処理することができるが、企業家が主として引き受けるのは確率を知ることのできない不確実性なのであり、そこに企業利潤の発生源があると考えたのである。

これらの研究は形式的分析というよりも概念的整理であり、さらにはヴィジョンとよばれるべきものですらあった。動学への接近が新古典派の得意とする形式主義になじまないことは、新機軸あるいは不確実性という概念そのもののうちにすでに表現されている。つまり合理的形式に収まらない要素にかかわるのが企業家の主要な仕事だということである。

このように新古典派革命は、それ以後のおおよそ半世紀間に、様々な方向に枝分れし、最後には新古典派のもっとも不得意とする分野にまで突きすすんでいった。しかし、少なくとも静態分析の枠内においては、新古典派の限界効用や限界生産力や市場均衡などにかんする分析が妥当するであろうという共通理解ができあがっていったことも疑いえない。第一次大戦によって西欧世界が混乱のただなかに放り込まれるまでは、そしてそれからの回復が容易ならざることを決定的に知らされた一九三〇年代を経験するまでは、新古典派は文字通りのパラダイム（学者集団が共有する固定観念としての「範型」）として経済学者たちの思考を枠づけたのであった。そのパラダイムの、崩壊といわぬまでも、大きな動揺のなかでケインズ革命とよばれる新たな思考様式が出現することになるのである。

◉第十二章

制度主義

アメリカでは、クラークやフィッシャーがヨーロッパの経済学に匹敵するのみならず、それを凌駕する側面ももつような業績を発表しつつあった一八九〇年代から一九二〇年代にかけて、もう一つ別の経済思想が、短命ではあったが、強力に展開されていた。それは制度主義 institutionalism とよばれるものである。

解釈の立場

ヴェブレン T. Veblen は、『有閑階級の理論』あるいは『営利企業の理論』などにおいて、人間の経済行動にかんするいわば解釈学的な理解を樹立しようとした。簡略にいえば、経済行動は文化的制度との相互依存のなかで行われるものであり、そしてこの依存関係はいわば進化論的なかたちで変化しゆくものであることをヴェブレンは強調した。自己の立場を論述するに当たって、彼は、経済行動を成立させている、あるいはそれに含まれている、文化的意味合いを体系的に解釈してみせるというやり方を採った。そのために、稀代の博学とよばれた者にふさわしい多面的な知識を総動員したのである。それは経済学というよりもむしろ、経済問題を対象とする一種の総合科学もしくは総合思想の試みであったということができる。

ヴェブレンの経済解釈学には、近代産業社会にたいする批判が横溢している。その批判はみかけのうえでは隠蔽されているけれども、彼が近代産業社会に文明の堕落を読みとっていたのは明らかである。しかしその文明の危機は、マルクスの「資本の運動法則」におけるような客観的な性格のものではなかった。主に消費者心理と企業者心理に現れてくる精神の歪みを冷静に描写することを通じて、人間の文化的本性 instinct がいかに一面化しているかを示すのがヴェブレン流ということである。たとえば、消費者が衒示的消費 conspicuous consumption の心性に駆られていること、また企業者が人間にとって自然な製作者本能 instinct of workmanship を忘れて金銭的な競合 pecuniary emulation に走っていることなどが詳しく語られる。ヴェブレンのなしたのは経済にかんする科学的説明ではなく、反省的解釈なのであった。

しかし、経済的知識がようやくにして科学として自立しうることに多くの経済学者が誇りを抱きはじめていた時代にあって、科学から意識的に距離を置こうとするヴェブレンの方法が大方の賛同を得られるはずもなかった。そのかなり奇妙な個性が一つの魅力として人々に受け入れられるときもなかったわけではないのだが、おおむね、ヴェブレンのなした仕事はその人格と同様に奇妙なものとして片づけられたのであった。また、彼の総合的な解釈というのも、解釈学の方法論的および認識論的な基盤がまったく未整備な時代にあってはやむをえないこととはいえ、いわば我流の名人芸といった趣をもっており、広く普及しうるような範型を有してはいなかった。

しかし留意すべきなのは、ヴェブレンの解釈学にあっては、経済学者をもちろん含めた知識人の精神状態も対象とされていたということである。つまり彼は、経済学もまた文化的制度に依存していることをはっきりと見抜いたうえで、古典派、新古典派、歴史学派そしてマルクス派にたいする解釈学的批判を展開したのである。経済学という〝科学〟のなかに、イデオロギーや偏見や打算がいかにしのびやかに侵入しているかを暴露したわけである。ヴェブレンのなした仕事は、その内容に立ち入れば古くさくもあり、また歪曲もたくさんあるのだが、その解釈学的な姿勢の一貫性にはいまもくみとるべきものが少なくないといえよう。

実践の立場

ヴェブレンは、第一次大戦直後にはじまったいわゆるテクノクラシー運動に少々かかわったことを除けば、きわめて非実践的な人物であった。しかしコモンズ J. R. Commons の場合は、経済問題をめぐる社会改良において、おおいに実践的であった。歴史学派の影響をつよくうけたコモンズは、たとえば『制度的経済学』にみられるように、産業民主主義 industrial democracy の確立のために、集団活動をいかに規制するか、そのためにいかなる法律的処方箋を書くかということに腐心した。

コモンズによれば、経済は集団活動 collective action によって営まれるのであり、それを規制するのが規則や慣習にもとづく法制度なのである。法の策定・運用に実践的にかかわることによって産業民主主義あるいは適正資本主義 reasonable capitalism をつくりだそうとしたのである。コモンズを支えていたのは進歩主義であり民主主義であった。つまり、国民の多数によって支持されるような制度改革を行うことであった。

そのために彼が主たる関心を払ったのは、取引 transaction のなかに様々に集団的な要素が介在するということである。具体的にいうと、取引のなかには、対等な者同士の自発的交換のほかに、優位者の劣位者にたいする命令や指令が含まれている。これらが有機的に組み合わさって、持続的に事業をなしうる組織としてのいわゆるゴーイング・コンサーン going concern ができあがるのである。このゴーイング・コンサーンをより適正なものにするためにいかに法律を整備するか、これがコモンズのめざした方向である。

このような制度主義もまた科学としての経済学から遠く隔たるものであることはもう論を俟たないであろう。しかし、コモンズ的な立場が、アメリカのみならず様々な混合資本主義体制において、重要な役割を果たしていることも否定できない。制度認識および制度改革を伴わないような政策体系はしばしば限界につきあたる。市場は所有権の移転を可能にする場であるとはいっても、その移転には規則や慣行や習俗といったような様々な社会的・集団的な要因が関与し、そしてそれらの要因を放置しておけば、必ずしも好ましくない取引が行われるかもしれない。市場は万能の機構ではないのであって、それを支える法的・政治的・社会的な改革運動がなければ、市場はヴェブレンいうところの営利企業に蹂躙されないとも限らないのである。

コモンズの制度主義の内容というよりも、その実践的な姿勢がいまも無視しえない影響を残しているのだといえよう。少なくとも、政策の問題にかかわる以上、それは技術学に踏み込むことであり、社会問題の場合、技術学の根底に法的な次元があることは確かである。コモンズの立論に言及しないまでも、ほとんど一切の社会改良はコモンズのとおおよそ同一の軌道にのっている、またのらざるをえないということすらできるであろう。

観察の立場

ひとたび制度の問題を射程に入れるならば、制度がきわめて多面的なものであるとともに、変化しゆくものであることをも考慮しておかなければならない。しかし、こうした複雑性はえてして制度論を概括的なものに終わらせてしまう。ヴェブレンやコモンズにその嫌いがなかったとはいえないであろう。ミッチェル W. C. Mitchell が、『景気循環』などにおいて展開したやり方は、この複雑さをなんとか処理するために、貨幣的制度の発展の歴史を数量化することであった。景気循環の過程は、同時に、制度的活動における不断の変化の過程でもある。それを数量的に観察することによって、制度というものの進化論的な様相を浮彫りにしようとしたのであった。

ミッチェルの数量分析は、仮説を検証するというような形式的手続きをとるものではない。それはむしろ観察とよぶのが適切なのであって、そこでは仮説と検証が試行的に積み重ねられ、その作業のなかで仮説も検証も次第に変更させられていくという趣である。つまりそれは理論と実証の融合を伴う観察作業のうちに、なにか新しい仮説を発見する試みだったということができよう。仮説－演繹でも仮説－検証でもなく、仮説－形成こそがミッチェルの基本姿勢なのである。

アメリカ制度主義の背後に、パース C. S. Pierce によってはじめられたプラグマティズムの哲学・思想があることを想起すべきであろう。ヴェブレンもそれに、間接的には、影響されていたと考えられる。ミッチェルもそうなのであって、プラグマティズムがまさに仮説－形成の論理を探究したのに相応して、彼もまた広汎かつ継続的な数量研究を通じて、制度の変化という困難な課題を的確にみる視角を探し求めていたといえよう。

彼がはたして何を発見したかとなると、その評価は難しい。というより、後世に残るような仮説を発見するのには失敗したといってよいのだろう。ただ、国家規模の経済にかんする数量研究が厖大な努力を投入する地道な作業であり、その観察作業それ自体のもつ重みの前では、ちょっと気の利いた理論など実に軽いものにみえてくる、ということだけは明らかにしたようである。経済研究においては、いま現在も、こうした観察の方法が重要な役割を果たしている。ミッチェルはその種の基礎的数量研究の意義を実際に示してみせた最初の人物ということになろう。

◉第十三章

ケインズ派の予兆

不完全競争の理論

マーシャルは近代産業において規模の経済 scale economy がはたらくことを認識していた。つまり企業規模が大きければ大きいほど製品一単位当たりの費用が少なくてすむということである。もしそうならば、費用条件のより有利な企業によって市場が独占されるという事態へ向かうであろう。ケムブリッジ学派はスラッファ P. Sraffa を中心にしてこのマーシャルの問題をめぐって考究をすすめ、ロビンソン J. Robinson の『不完全競争の経済学』にまとめられるような成果をうみだすに至った。その分析用具は依然として新古典派的なものであったとはいえ、この不完全競争 imperfect competition というイメージそのものは新古典派からの大きな離脱であった。つまり、市場にワルラス的な模索過程は存在しないことをひとたび承認するならば、企業は自力で市場情報を集め、自己の判断で価格と生産量を決めていかなければならない。そこに、市場不均衡の可能性が胚胎するのである。

アメリカにあってはチェンバレン E. H. Chamberlin が『独占的競争の理論』を発表して、市場競争が価格競争よりもむしろ製品差別化 product differentiation によって行われるという考え方を独自に展開していた。寡占的な企業は自己の製品に固有の特性を付与することによって、他企業と競争するということである。

いずれにしても、各企業は価格について逓降的な需要曲線に直面し、それから導かれる限界収入 marginal revenue（生産・販売を一つ増加したときの収入の増加分）と技術的条件から導かれる限界費用とが均等するところで価格・生産が決定される。こうした分析模型はすでにクールノーによって明らかにされていたところであるが、一九二〇年代から三〇年代にかけての問題意識はより深刻であったといえる。ビッグ・ビジネスの登場という時代背景のなかで、余剰設備の存在と価格の硬直化という現象が広汎に広まっていたからである。実際、三〇年代に入ると、実態研究を通じて、企業の価格づけは、けっして限界分析にもとづいてなされるのではなく、費用に一定の比率を上増してつけるという方式、つまりいわゆるフル・コスト原則 full cost principle にもとづいているということが発見されもしたのである。新古典派が想定したような市場機構はもはや昔日のものとみなされた。需要と供給が一致させられるように価格が自在に動くというのは、理論上の虚構にすぎないと思われはじめたわけである。端的にいえば、市場の自動調節機能 function of automatic adjustment を懐疑する、それがおおよそ時代の共通認識になったのである。ケインズはまさにそうした認識を最大限に活かすべく、新古典派との訣別を企てたのである。もっといえば、スラッファ、ロビンソンをはじめとする若き経済学者たちがケインズによって刺激され、また逆にケインズに刺激を与えることによって、競争均衡という新古典派の神話を解体する思想運動を展開したのであった。

失業および通貨の問題

社会問題として最も深刻なのは失業 unemployment であった。一九二〇年代もヨーロッパは失業の問題に悩まされつづけたのであるが、それ以前から、とくにイギリスは、アメリカあるいはドイツなどの後発国に追い上げられ、またその他の諸国の保護主義的政策によって市場拡大を妨げられ、旧設備の余剰と失業をおびただしく抱え込んでいた。そして、一九二九年に大恐慌が勃発してからは、資源の不完全利用はまさしく緊急の問題となった。ところが、新古典派の理論によるならば、失業の発生は実質賃金率が高すぎることによる労働の超過供給と説明された。賃金率を切り下げるならば、完全雇用が達成されるはずだというごく安易な処方箋しか新古典派からは出てこないのである。しかし、労働組合が存在する状況にあって賃金切り下げが政治的に困難であるのみならず、その切り下げによって消費需要が減少し、それが不況をいっそう悪化させるというのは十分に可能性のある見通しであった。つまり、一つに失業の存在を説明するのに新しい理論が求められていたのであり、ふたつに失業を解決するための処方箋が市場の自動調整機能とは別のところに求められなければならなかったわけである。

新古典派によって説明されうるのは自発的 voluntary な失業のみであって、働きたくても職を得ることのできない非自発的 involuntary な失業を説明しうるような理論はまだなかった。資本の有機的構成が高度化することによって相対的過剰人口が堆積するというマルクスの仮説はあったけれども、それはあまりにも不完全な代物であった。

前節にみた不完全競争の理論も、心づもりとしては失業の問題を射程に入れていたのではあろうが、問題に肉迫する段階には達していなかった。経済学がその誕生以来ずっと関心を寄せてきた貧困の問題、それが失業というかたちで顕在化しているのに、経済学は説得的な説明も有効な政策も提出できないのであった。ケインズ革命を促した最も直接的な契機は新たな雇用理論の必要という点にあったといえよう。

市場の自動調節機能が疑われるもう一つの焦点は、通貨制度 currency system の問題であった。古典派から新古典派の時代にかけて、金本位制 gold standard system にたいする信頼が広くゆきわたっていた。つまり、金保有の減少は通貨縮小をもたらし、それは価格低落による輸出増と輸入減のために金保有の増大をひきおこす、逆の場合は逆、という仮説が信じられていたのである。しかし、アメリカに経済力が集中するという第一次大戦後の状勢にあって、また産業の寡占体制の下では価格が硬直しがちな状況において、そうした自動調節機能はうまくはたらかなかった。実際、一九二五年、チャーチル首相によってなされたイギリスの金本位復帰は不況をさらに悪化させる結末になったのであった。管理通貨制度 managed currency system は時代の不可避の趨勢なのだと次第にみなされはじめたのであり、ここでも新たな通貨論そして金融論が求められていたわけである。

のみならず、国内における民間投資の不活発を金融とのかかわりでいかに説明するかというのも重要な論題であった。伝統的な理論によれば、貯蓄と投資を均等させるのは利子率の変動によってである。しかし、それらの利子率にたいする感応度は小さいのではないかと考えられる根拠が少なくなかった。それに、なによりも、貨幣面と実物面との連関は新古典派がまだよく説明しえていない領域でもあった。

要するに、時代がひそかに要求していたのは、不完全雇用を説明しうるような雇用理論、利子論そして貨幣論だったのであり、またそれらの連関を明らかにする一般理論なのであった。ケインズ革命がその要請にどこまで応えたかは別として、ともかく応えようとする姿勢のなかからその革命は生じたのである。

乗数の理論

失業そして遊休設備が大量に出現するなかで、カーン R. F. Kahn は乗数 multiplier の理論を発表した。それは政府投資が雇用増加をもたらし、その雇用増加が所得増加につながり、それがまた雇用増加をもたらすという一連の効果が最終的にいかなる雇用増加を帰結するかという分析である。これが引金になって、政府の財政政策の効果にかんするより緻密な理論が求められることになった。より一般的にいえば、有効需要の創出が生産と雇用に与える効果を研究するということである。こうした研究は、たとえばカレツキー M. Kalecki の『経済変動の理論』やハロッド R. Harrod の『景気循環論』にみられるように、方々ですすめられていた。ケインズはその種の時代的関心を敏感に察知しつつ、赤字財政による不況脱出の理論を自らの『一般理論』のうちに組み込もうとしたのである。

このことと関連して、乗数というような政策的含意をもった、しかも相当に実際的な文脈をもった概念などが経済学の正面に出てくると、それにつれて数量的な分析の気運も高まってくることに留意しなければならない。事実、ケインズ革命と並行するかたちで、そうした分析が各国に広まっていったのである。ケインズ自身は経済学の数量化に必ずしも好意的ではなかったのだが、彼の提出した経済模型はあきらかに数量化に親しみやすいものだったのである。

ケインズが政府の介入に期待を寄せたということは、経済思想の流れのなかで特筆すべきことである。少なくともイギリスの経済思想でみるかぎり、政府の介入を排する自由主義思想が、それまでの二百年間近く、圧倒的な主流だったのであり、それがまた世界の基本的傾向でもあった。ケインズの示した思想的次元は、ある意味で、重商主義とつらなるものである。自由放任から政府介入への転回は、それを支える理論の内容というよりも、理論を率いた思想の問題としてまさしく画期的なことであった。

その画期的企てを肯定するか否定するかはまた別問題であるが、ただ、ケインズのやり方を支持する時代の雰囲気が醸成されていたことは事実である。そのころのヨーロッパはいわば神経症的な痙攣に見舞われていた。様々な形態の全体主義が進出するなかで、市場的交換に巨大組織が介入し、交換に際しての人々の将来見込みは大きな動揺にさらされていた。市場の調節機能は一方では硬直化したし、他方では著しく不安定化した。この引き裂かれた状況にあって、ケインズは自由企業体制の本質を守りながら、いやそれを守るために、自由主義に対して重大な修正をほどこそうとしたのである。

ケインズの登場はこうした時代背景を抜きにしては理解され難い。第一次および第二次の大戦期というヨーロッパの未曾有の混乱のなかに、ケインズは現れた。彼の『一般理論』を分析道具としてのみ評価すれば、それには限界もあるし欠陥もある。しかしそこに反映されている自由交換と計画的介入との混合思想は十分な歴史的条件をそなえているということができよう。それはケインズの思想というよりも、当時のヨーロッパの時代思潮におけるいわば標準型を率直に表現するものだったのである。

第十四章

ケインズ派の成立

ケインズが育ったのはヴィクトリア期の禁欲的道徳体系が瓦解していく時代であった。ムーア G. E. Moore は、その『倫理の方法』において、功利主義にたいする体系的批判に着手していた。簡略にいえば、人間の直観力に対して正当な位置を与えよ、これが時代の新しい標語であったといえよう。ケインズはいわゆる「ブルームズベリー・クラブ」に属して若き芸術家などと接することにより、ヴィクトリア的観念からの離脱をおしすすめていた。また彼の処女作が『確率論』であるということからもうかがわれるように、確率すら定かならぬ不確実な世界でいかに活力ある生を組み立てるかというのがケインズの基本姿勢であった。これらの意味で、ケインズは不安定な状況のなかでたえず主体的に決断することを選びとる活動主義者であったとみえる。

しかし他方では、ケインズは旧体制の人間でもあった。道徳や慣習による社会的安定性の意義を彼は認めていた。人々のあいだで確信 confidence が揺らいでいることを彼は承知していたが、そうであればこそ社会の安定性は回復されなければならないと考えた。もし自由放任がその安定性を保証してくれないならば、知的貴族の英知を奮い起こしてそれを補強しなければならぬというわけである。また知的貴族でありうるためには、ひとは過去の伝統を参照にしなければならぬとも考えていた。

要するにケインズのうちには、不安定性と安定性、決断と慣習、背徳と道徳あるいは計画と歴史といったような様々な二面性がある。実生活においても、彼は学者であるとともに実践家であり、経済学とともに雑多な評論も手がけていた。彼の主著である『雇用、利子および貨幣の一般理論』にもそうした二面性がにじみでているのである。

マクロの視野

ケインズ自身が自分の経済学に巨視的 macro という形容を与えたわけではないのだが、彼は所得 income 、消費 consumption 、投資 investment 、貯蓄 saving 、雇用

employmentといったような集計量のみを扱ったという意味で、マクロ経済学の創始者といえる。こうした集計がいかにして可能であるか、ケインズは詳しく述べていないが、諸財の相対価格がたいして変化しない状況を想定していたことに疑いはない。事実、そういう想定を妥当とするような価格体系の硬直性が、彼の時代に、みられたことも確かである。

しかしケインズが巨視的集計量を問題にしたのは、その政策論的な志向から要求された結果だとみた方がよいであろう。政策の指針はしょせん大把みなかたちでしか提起できないし、またその方がしばしば有効でもある。市場の内部における微視的ミクロ的な分析で事足れりとしておれるのは、市場の自動調整機能が信頼されている限りにおいてである。その機能障害が顕著になってくるや、経済全体を巨視的に把握して、市場の患部に手当てをしなければならない。ケインズには、微視的な精密さを犠牲にしても、経済の全体像を簡潔にとらえておく必要があったわけである。

所得の決定

新古典派における所得決定の機構をあえて簡略に述べれば、次のようになろう。貨幣賃金率は伸縮的なので労働の完全雇用が達成され、それに応じて所得＝生産量が決まる。そして貸付と借入がそれぞれ利子率 rate of interest の関数なので、両者の均衡から利子率も決まる。そして物価は、いわゆる交換方程式によって、貨幣量と比例するかたちで決まる。大まかにいって、実物面と貨幣面が分離されているというのがケインズ以前の経済観であった。

ケインズは、労働市場がうまく機能しないことを指摘することによって失業の可能性を示し、流動性選好 liquidity preference つまり貨幣需要のなかに、利子率に依存する投機需要を含ませ、さらに所得に依存する貯蓄と利子率に依存する投資との均衡条件を示すことによって、実物面と貨幣面とが失業を伴いつつ連立するという経済像を構築した。貯蓄と投資の均衡を可能にする利子率と所得の関係は、後にヒックス J. R. Hicks によってIS曲線と名づけられた。これは、ケインズの場合、生産物にかんする需給一致を示すものにほかならない。また、流動性にかんする需給一致を可能にする利子率と所得の関係はLM曲線とよばれた。つまり、生産物市場の均衡と貨幣市場の均衡との連立によって所得と利子率が定まるのである。

さて物価の決定についてであるが、これについては二通りの解釈が可能である。一つは、ケインズは貨幣賃金のみならず物価も短期的には固定的・硬直的だと考えていたのではないかとする解釈である。この場合、生産物市場が均衡するのは、いわゆる数量調整 quantity adjustment によってであるということになる。つまり市場は価格調整 price adjustment によらず、たとえば市場占拠率 market share をめぐる競合によって、需要された分量は必ず供給することになるわけである。もう一つの解釈はいうまでもなく価格調整の場合である。所得＝生産は雇用によって定まり、雇用にたいする需要は実質賃金率の関数である。それゆえ、ＩＳ曲線とＬＭ曲線とから所得が求まるということは、貨幣賃金率が固定的に与えられているならば、物価水準が決まるということにほかならない。ケインズが物価を硬直的とみなしたか、それとも伸縮的とみなしたのか、一概に断定できないのであるが、いずれにせよ、新古典派流の伸縮性を想定していなかったことは間違いない。しかし、貨幣賃金率と同水準の固定性を物価についても想定していたわけでもない。したがってケインズは価格調整と数量調整の中間を考えていたとみるべきなのであろう。

市場の硬直性

ケインズが貨幣賃金の硬直性をいかに理解していたかということであるが、一つの有力な解釈は、労働者の慣習的心理がそれを必要とするという見方である。ケインズは経済における慣習の作用を見逃してはいない。たとえば、消費が所得の一次関数であるという件では、それは消費者の慣習的な心理法則なのだと大胆にいいきっている。同じようにして、労働という最も商品経済に組み込みにくい財をめぐって、ケインズは慣習による貨幣賃金の硬直性を想定していたとみてあまり見当は外れないであろう。また、貨幣賃金にして硬直的ならば、そしてフル・コスト原則に近いかたちで物価が決められているとするなら、物価についても硬直性が発生するということになるのである。

そのほかにもケインズはいくつか特異な硬直性が市場に発生すると考えた。まず、投資は利子の低下に対してきわめて非弾力的 inelastic である、少なくともある水準以下の利子率についてはそうであると考えた。ある程度以上の投資規模になると投資の限界効率 marginal efficiency が急速に小さくなるので、投資の限界費用としての利子率が下っても、投資は増えないからである。これは金融政策によって利子率を下げても投資を刺激せず、したがって有効需要も増大しないという推論につながり、金融政策の無効を指摘するための強力な論拠となった。つまり、公共投資などの財政支出によって有効需要を高める政策が優先させられることになるわけである。

さらにケインズは流動性の罠 liquidity trap という状況を想定した。利子率がある水準まで下落すると、債券価格が騰貴し、そこで投資家たちは債券価格が将来暴落すると予想し、いっせいに資産を貨幣のかたちで保有しようと努めるというのである。このようにして利子率が下方硬直的であることもまた、金融政策の効果を弱めることになるのである。

現代では、ケインズの想定した様々な硬直性はやや誇張に過ぎたとみなされている。しかし、市場が新古典派の考えたように滑らかな姿をもっていないという指摘は重要である。市場は、一方において慣習をはじめとする制度的条件によって屈折させられるし、他方では企業家や投資家の将来にたいする不安などによって制限される。こうした一般的可能性を経済学に盛り込んだのがケインズの最大の貢献といってもよいだろう。

将来への期待

ケインズは、とくに投資需要の決定をめぐり、将来にたいする長期的期待について論じている。彼は、ウィクセルと並んで、期待 expectation の要素が経済に重要な影響を与えると主張したことで際立っている。経済の運行が新古典派の考えたようにメカニックにいかないのは、不完全情報の下にあっては、将来にかんする楽観や悲観、活気や臆病といった主観的要素がかかわってくるからである。期待要素こそは、経済主体が時間を意識して、つまり過去へ遡及しつつ未来を展望して行為していることを表す変数である。もし静態的な社会ならば、恒常的に同じことが繰り返されるために、期待は硬直した慣習のなかにうずめられてしまう。しかし動態社会においては、人は、過去の慣習をひきずりつつ、しかし不確実な未来へ投げだされている。ここで期待要素が浮かび上がるわけである。

しかし、期待がいかに変化していくか、その動向を科学的に説明することなど不可能であろう。それが可能だということは、人間が未来の行程を予測できるということである。ケインズはそうした未来論に、あるいは決定論に深入りしなかった。それゆえ、ケインズの視野はおおよそ短期にしぼられている。将来への期待を含んだ短期の経済変動、ケインズはそこに視野を限ったのである。それは、ある意味で、ケインズの短所というよりも、むしろ長所というべきであろう。期待というきわめて主観的な要素について科学的説明の及ぶ範囲は狭いといわなければならない。

実は、ケインズがはっきりと指摘しているように、貨幣という存在は過去と未来をつなぐ媒体なのである。過去の価値を保蔵しつつ、未来の不確実性へむけて決断していく、その媒介となるのが貨幣である。ケインズはこうした貨幣哲学を仄めかしているだけであるが、そこにこそ彼の独自の歴史観、社会観そして人間観が集約的に示されている。端的にいえば、貨幣が需要されるのは、一方で過去からの蓄積としての価格体系の安定性をなにほどか信頼することができるからであるとともに、他方で価格体系の不安定性を期待すればこそ、それへの備えとして貨幣が必要になるのである。そして、この過去への一定の信頼と未来への一定の冒険こそは人間にとって最も普遍的な心理であり、社会の制度もまたそれに合わせて反応していくのである。ケインズの『一般理論』が分析道具としていかに批判され修正されようとも、この時間にかんする見方はそう簡単に棄却することのできない説得力をもっているのである。

◉第十五章

ケインズ派の変遷（1）

ケインズの『一般理論』がどこまで一般的であるか、さらにはどこまで独創的であるかという点について、現在では様々な反省がなされている。しかし、第一に経済のマクロ的把握を大胆に示したこと、第二に市場における自動調節機能に対して明白に疑いをさしはさんだこと、第三に経済における実物面と貨幣面との連関を強調したこと、第四に期待要素を導入することによって動態論への見通しを与えたことなどにより、やはりケインズは「ケインズ革命」とよばれるにふさわしい甚大な影響を残したのであった。それは、当時の経済学者たちが少しずつ気づきはじめていた新たな諸方向を一挙に強引にまとめあげる力業による革命だったといってよい。

しかし、その力業は『一般理論』の種々の欠陥あるいは曖昧を残す因ともなった。ケインズ以降、ケインズ的 Keynesian の形容の下に、様々な経済学が乱立する状況すら生まれたのである。

マクロ動学の方向

ケインズのうちには動学への示唆が含まれてはいたが、『一般理論』はあくまで静学にとどまっていた。しかし、好況・不況の大波に飲み込まれた今世紀前半にあって、そうした景気の循環をマクロ的にとらえる必要を多くの経済学者が感じていたのは当たり前のことである。すでにフリッシュ R. Frish が、つづいてティンバーゲン J. Tinbergen が、そうしたマクロ動学をケインズとは独立に展開しつつあった。またカレツキーもマクロに動学を独自に構築していた。そうした動きに対し、ケインズの示したいわば集計的経済学 aggregate economics が大きな促進力を与えたわけである。ケインズ自身は経済像を数理的あるいは統計的に表現するのを好まなかったにもかかわらず、集計量という概念がそれらの表現法にとってまことに便利なのであった。

またケインズに即してみても、とくにその乗数論は、公共投資が所得や雇用をうみだしていく過程を継起的に追求しようとするならば、動学化されざるをえないものである。たとえばサミュエルソン P. Samuelson は、この動学的乗数論に、所得増あるいは消費増が投資を誘発するといういわゆる加速度原理 acceleration をつけ加えることによって、より一般的に所得変動の過程を明らかにしようとしたのである。

こうした動学化への動きの背景には、資本主義経済の長期動向にたいする悲観があった。たとえばハンセン A. H. Hnsen は、技術進歩の終息、人口増の停止そして新市場の消滅などによってアメリカ経済に長期停滞 long-run stagnation が訪れつつあると判断していた。ケインズの提出した投資の限界効率逓減、投資の利子非弾力性あるいは「流動性の罠」といったような命題は、一九二〇年代の大不況の経験と相俟って、長期停滞のイメージをかきたてたのである。この見通しにもとづいて、ハンセンは公共支出が民間投資を惹き起こすといういわゆる呼水政策 pump-priming policy の必要を提唱したわけである。

実際、ケインズの『一般理論』は、まずアメリカにおいて熱烈に歓迎され、その反響がイギリスに送り返されるというかたちで普及したのである。しかしこの過程で、ケインズの考えが乗数論の方向においてのみ肥大化されるという結果になった。所得創出のための公共支出という一点が過大に強調され、『一般理論』は単純化されるとともに貧困なものになってしまった。とりわけ『一般理論』の一つの柱であった貨幣の問題は、しばしば、無視される始末となったのである。この意味で、いわゆるアメリカン・ケインジアンはケインズ的思想の鬼子なのだといってよいであろう。

混合体制の方向

『一般理論』が登場してからは、政府部門の活動を明示するのがむしろ常套となった。とくに三〇年代は、失業の救済、戦時経済の運営そしてブロック化された経済圏における保護主義的貿易政策の立案がむしろ常態であった時代である。さらに、ソ連を中心にして計画経済の実験が行われていた。こうした時代背景のなかで、『一般理論』は混合体制 mixed system のための聖典として扱われはじめたといってよい。つまり、市場にたいする政府の介入 intervention を正当化するのが『一般理論』だというわけである。

たしかに『自由放任の終焉』を書いたことからもうかがわれるように、ケインズは介入主義を容認していたといって間違いではない。しかし、その著作群の全体から印象づけられるのは、彼の自由主義にたいする愛着と社会主義への嫌悪も相当なものだということである。のみならず、彼は経済学を政策のための技術学とみなすことにも反対していたといってよいであろう。経済学者を含むテクノクラートの集団が科学的処方箋に従って混合体制を構成していくという考え方に対し、ケインズは半ば賛同し半ば反発していたというのが実情であろう。

しかし彼が介入主義への門戸を大きく開いたのは事実である。また彼が、平等主義的な福祉政策というものに対し、おそらく内心では反発しつつも、譲歩していたのも事実である。このこととハンセン流に膨らまされた財政支出主導の政策体系とが組み合わさるとき、そこに生じてくるのがビッグ・ガヴァメントであり、それによる巨大な赤字公債の発行である。

ハイエクはこうしたケインズ流の技術学を設計主義 constructivism として批判しつづけてきた。つまり、理性あるいは科学によって国家や社会を設計しうるとする考え方を知識人の傲慢として批判してきた。ケインズにはたしかにそうした傲慢への傾きがある。そして数多のケインジアンがその傲慢の路線を走りつづけてきたことも否めない。ケインズ的経済思想が実践の次元に対して与えた最大の影響は、経済テクノクラートによる市場への介入を正当化したことだったのである。

だが、『わが孫たちの経済的可能性』でいわれているように、ケインズは経済問題は低次元の問題であり、いずれ解決されるであろうと楽観していたことに留意すべきであろう。つまり、経済問題が解決されたあかつきには、自由を謳歌することのできる文化が到来することを期待していたのである。こんな社会観はむろん過てるものであるが、ともかく、ケインズはテクノクラートに差配されるような文化を望んではいなかった。この点でも、ケインジアンはケインズにある技術学的な側面を誇張したということができる。

計量化への方向

経済を定性的 qualitative のみならず定量的 quantitative にとらえようとする動きは経済学の歴史を通じてあった。しかし、三〇年以後に生じた計量化への努力はその質量においてそれまでとは格段の差がある。ケインズによる経済学の集計化と政策化がその動きに小さくない寄与をしたのである。実際、計量経済学 econometrics の成果のかなりの部分が、ケインズ的マクロ模型を使って経済予測を行い、有効な政策提案を示すという作業に当てられたのである。

計量化がすすめられた時代背景としてはいわゆる論理実証主義 logical positivism の科

学哲学が経済学にも浸透しはじめたという事情を挙げることができるであろう。ごく簡略にいえば、理論仮説を観察データによって検証するというやり方が経済学における標準的な研究方法となったのである。計量経済学は、数理統計学を利用しつつ、こうした仮説－検証の作業を組織的に展開しはじめたのである。

しかし、ケインズ自身は経済の計量化にほとんど関心を示さなかった。彼はイギリスに伝統的な散文的表現を用いて経済を描こうとした。『一般理論』は理論であるとともに説得の書であり、その説得においてケインズに独得の散文的力量が駆使されたのである。前章でみたように、彼は慣習とか期待といったような、容易に形式化できないのはもちろんのこととして、計量化するのがほとんど不可能な要因を経済学のなかに持ち込んでいた。また『一般理論』の全体的な調子としても、散文によるのだから当然のこととして、論理の展開は大雑把というしかない。しかし、それゆえにかえって、経済における重大な要因や関係が説得的に語られているということができる。

思えば、クライン L. Klein のつけた「ケインズ革命」という表現は、経済学を科学としてみる限り、大仰すぎたということになる。ハイエクは『一般理論』を単なる評論の一種とみなしているし、シュムペーターも、ケインズの説得力については評価するものの、分析上の貢献は少ないとみている。たしかに革命めいた雰囲気の転換をケインズはつくりだしたのではあるが、それは数理化、統計化、計画化という必ずしもケインズの本意に沿うとはいえない方向への転換となったのである。

ケインズは経済学者であると同時に、評論家であり、政治家であり、経営者であり、そして伝記作家でもある。その仕事を総体として眺めるならば、彼は一個のモラリストつまり人性論者であるということになろうか。その多面像は、IS曲線とLM曲線によってまとめあげるには、あまりにも複雑である。ケインズという人物は経済という現象もそれについての物語も専門科学によってとらえるには極度に複雑であることを身をもって表現してみせたのではないか。しかしケインジアンはそういうケインズ像を解体させ、非ケインズ的といわれても仕方のない方向にどんどん変質させていったということもできるのである。

◉第十六章

ケインズ派の変遷（2）

ケインズが貯蓄と投資の均衡条件を明示したことは、資本主義経済の制度観における重要な転機を意味する。つまり、貯蓄主体と投資主体とが別々であり、それぞれが異なった動機にもとづいて行動することをいわんとしているわけである。これは、資本家という名の消費者が貯蓄をして、それがただちに投資になるという、貯蓄と投資の恒等条件を否定するものである。この恒等条件こそがいわゆるセーの法則の本質である。ケインズは経済がこの過てる法則に多かれ少なかれ縛られてきたとみなし、自分に先立つ経済学を古典派の名称の下に一括し、そして一蹴しようとしたのであった。彼の学説史的総括に誇張がないわけではないが、彼の強調によってはじめて、経営者の存在が経済学の中心に姿を現すことができたのである。投資決定において主要な役割を果たすのは資本家ではなく経営者である。それはいわゆる「所有と経営の分離」

を反映するものなのであった。

成長論

ケインズは企業の投資行動に注目したが、その視野が短期であったために、投資の影響は需要面でのみとらえられていた。投資が資本蓄積となって生産能力を高めていくという供給面の長期的変化については考察されていなかった。ケインズ以後、とくにケインズの周辺にいた経済学者たちは、この投資の二重的な効果に着目して成長論を開発していったわけである。

たとえばハロッドは、『動態経済学序説』において、人口増加と技術進歩とから定まる自然成長率 natural rate of growth と、資本の完全利用を満足する状態にある適正成長率 warranted rate of growth とを想定し、それらによって制限されながら現実成長率 actual rate of growth が循環する可能性を示したのである。またロビンソンも『資本蓄積論』において、マルクスの影響を多分に受けながら、独自の成長論を展開していた。

成長論の全般的動向については第十八章で論じることにし、ここで確認しておきたいのは、ケインズ派の成長論もまた、『一般理論』の局所のみを拡大してみたものにすぎないということである。つまり、価格硬直性や流動性選好（貨幣を安全資産として手元に保有しようとする欲望のこと）の問題などは成長論においておおよそ無視されたのである。さらに重要なのは期待の問題である。期待がその通りに実現されるのが均衡の本質ということであろうが、そうだとすると、経済の現実においては、とくにその動態においては、均衡はむしろ稀な例外としてしか達成されないというべきである。

期待がそのまま現実のものとなるのは、変化が生じない定常状態 stationary state であるか、変化の型が予め定まっている恒常状態 steady state くらいのものであろう。これらはあくまで仮想的 imaginary な状態にすぎない。現実の経済は、期待がつねに裏切られるという意味で、不均衡 disequiliburium の状態にあるほかないものであろう。ロビンソンはこの点を明確に自覚していたのであるが、ケインズ派全体としては、『一般理論』の最も重要な特徴が期待をめぐる不均衡という点にあったことを十分に把握しえていなかった。もしそれを把握していたら、成長論がどれほど困難なものであるかを察知できたであろうし、従って、後に現れてくる新古典派的な均衡成長論に対してケインズ派はもっと効果的な反論をなしえたのではないかと思われる。

貯蓄と投資の均衡条件は、カルドア N. Kaldor、そしてパシネッティ L. Pasinetti などによって、巨視的分配論へと転回させられた。つまり、貯蓄が利潤や賃金からなされることを示したうえで、貯蓄と投資が均衡するという条件を入れると、分配率が投資率に依存するという関係を導くことができるのである。国民所得に占める投資の割合が大きければ大きいほど、国民所得に占める利潤の割合も大きいということである。

この論理それ自体よりも、それが新古典派の限界生産力理論に代わるものとして提出された点が重要である。新古典派は生産要素にたいする報酬率がその限界生産力に等しいといういわゆる機能的分配論を展開してきた。ケインズ自身というよりも、その後継者たちは、一つに諸要素間の代替に対して、つまり要素結合比率が可変的であるという想定にたいしてきわめて懐疑的である。ふたつに彼らは、生産要素が、とくに資本設備が、きわめて多種類のものから成っているという理由によって、集計的資本 aggregate capital という概念を認めない。新古典派は、互いに代替可能な集計的生産要素を変数とする集計的生産関数 aggregate production function を想定し、そこで諸要素の限界生産力を計算するのである。ケインズ派はこのような分配にかんする工学的説明を排するのである。そしてそれに代わり、貨幣賃金の硬直性というケインズ的前提に暗黙にせよ従いつつ、生産物市場の需給一致を示すことにほかならぬ貯蓄と投資の均衡条件によって、分配決定を論じようとしたわけである。両者の論争は一九五〇年代から六〇年代にかけて白熱化し、現在も決着がついていない。

この巨視的分配論を受け入れるとしても、では、個別経済主体の微視的状況がどうなっているのかという疑問が残る。分配論にかぎらず、ケインズからはじまったマクロ経済学はミクロ的行動との整合性を保証されていない部分が多い。限界生産力説が説得的でないとしても、なんらかミクロ次元での報酬率決定にかんする議論がなければならない。この巨視的分配論をめぐる論争が示唆した最大のものは、現代の経済学がマクロとミクロの接合を達成しえていないという事実を端的に暴露したということであろう。

しかし巨視的分配論にはもう一つの論点がある。その理論は投資率と分配率とのあいだの単なる相関関係をいうだけでなく、投資率が分配率を決定するという因果関係をもさすものである。つまり、経済の運行における投資の先導的役割が主張されているのである。ケインズ以後、公共投資はもちろんのこととして、投資は経済外的な要因にもとづくところが多いとみなされはじめた。たとえば、未来にたいする経営者の取り組み方は、ケインズ流にいえば彼の形成する長期期待は、血気 animal spirit としかいいようのない主体的な力量に左右されるとみなされる。そして、この血気こそが投資の主要な決定因だとするなら、たしかに投資は経済にとって外生的なものとみなされて然るべきである。むろん、後でみるように内生的に決まる投資もあるわけであるが、不確実な未来へむけての決断こそが投資の本性であるといってよいであろう。この点を鮮明にしたのが巨視的分配論の一つの思想的魅力なのである。

消費および投資の巨視的実証

ケインズによると、マクロの消費は、したがってマクロの貯蓄は、マクロの所得の一次関数である。これは明快ではあるが、あまりにも単純である。貯蓄が利子率にまったく感応しないという仮説が強引であることはすぐわかる。それ以上に、統計によれば、所得に占める貯蓄の割合、つまり貯蓄率は長期的に一定なのである。ということは、ケインズの一次式の常数項が零だということである。しかし、これも統計によれば、好況期の貯蓄率は長期的趨勢より高く、また富裕層の貯蓄率も社会的平均より高いのであり、不況期および貧困層については逆なのである。こうした事情を考慮したうえで、いかなるマクロ的な消費関数あるいは貯蓄関数を組み立てるかという研究が、フリードマン M. Friedman 、デューゼンベリー J. S. Duesenberry 、あるいはトービン J. Tobin などによってつづけられた。このあたりの動向は、理念と経験、理論と実証、抽象と具体そしてマクロとミクロとが適当に平衡を保っていて、ある意味で、近代経済学が最も健全な発展をなしえた場面といえよう。とくにデューゼンベリーは、『所得、貯蓄および消費者行動の理論』において、社会心理や習慣心理の要素を持ち込んで、ケインズ的問題意識を発展させているのである。仮説－演繹そして仮説－検証の方法論が説得的な成果を挙げた領域、それがこの一連の消費論だったといえよう。

類似のことは投資論についても起こった。先に、ケインズのうちには投資を外生的とみなす傾向があったといったが、同時に彼は、フィッシャー流に投資の限界効率と利子率との均等から投資が内生的に定まるという議論をも展開している。総じていうと、新古典派にあっては、資本ストックが各企業にとって固有かつ固定したものであるという見方が希薄であった。それゆえ企業は、投資よりもむしろ、資本ストックにたいする需要を第一義にするというふうにとらえられがちであった。簡単にいえば、新古典派には投資関数がなかったのであり、それは資本家の貯蓄がただちに資本蓄積になるという見方の別の表現でもあったのである。貯蓄動機と投資動機が異なったものであることを強調するケインズ的体系にあっては、投資論がきわめて重要な位置を占めることになるわけである。

しかし、投資という複雑で不安定な行動を説明するに当たって、フィッシャー＝ケインズの仮説だけでは決定的に不十分である。すでにクラーク J. M. Clark は、売上増加が投資を誘発するという加速度原理を出していた。また、新古典派的な最適資本ストックの概念は、それを実現するのに調整期間を必要とするという修正がほどこされて、いわゆるストック調整原理 stock adjustment principle となった。さらに、将来の予想利潤率が現在の利潤率に依存するとみなし、投資が予想利潤率によって左右されると考えれば、利潤が投資を決めるといういわゆる利潤原理 profit principle がうまれる。この利潤原理は、投資資金の源泉として留保利潤 retained profit が大事であるということを意味するとも解釈される。

このような投資論が理論と実証との相互作用のなかで行われたことに留意しなければ

ばならない。投資は消費のように安定した傾向を示さないことが多いから、その相互作用も必ずしも順調にはすすまなかった。しかし、ケインズによって焦点を当てられた投資の問題が様々な精密な研究を誘発したことは確かである。成長論や分配論がともすれば根拠薄弱の抽象論に流れがちであったのと比較すると、消費関数や投資関数といったマクロ模型の部品にかんしては、ケインズの影響は着実な帰結をもたらしたといえる。しかし、こうした精緻化がケインズ自身のねらいに合致するかどうかは別問題であることも承知しておかなければなるまい。

◉第十七章

新古典派総合

ケインズの経済思想は不況の時代に即応したものであり、そこにあって政府介入の必要を指示するものであった。しかし一九五〇年代の半ばともなると、両大戦を経て世界の政治的、経済的および軍事的なヘゲモニーを握ったアメリカにおいてはもちろんのこととして、先進各国がいわゆる持続的経済成長 sustained economic growth の軌道にのり、それにつれて失業問題も背景に退きはじめた。こういう推移を反映して、後にサミュエルソンの『経済学』において追認されたように、いわゆる新古典派総合 neoclassical synthesis の思想が普及しはじめる。もっとはっきりいえば、新古典派の復活が試みられるのである。

経済学の主舞台もほぼ完全にアメリカに移った。イギリスのケインジアンは新古典派の復活に対して強靭な抵抗をつづけはしたものの、ますます高度に数理化され体系化されていく新古典派の前で、次第に衰微の気配をみせていった。この新古典派総合の時代は専門科学としての経済学の未来に対し驚くばかりの楽観が寄せられた時期である。仮説－演繹および仮説－検証という科学的な手続きがこの時期ほど豊富な果実をもたらしたときもないといえよう。しかしその科学的な豊穣は、同時に、経済をめぐる現実的経験からの遊離であり、経験にたいする意味的解釈の貧困化でもあったのである。

新古典派総合の枠組み

新古典派総合の立論はきわめて単純である。彼らは、まず、労働の不完全雇用および資本の不完全利用があるときには、市場が円滑に機能しないことを認める。したがって、その場合にはケインズ的な経済政策が必要であることも認める。しかし、ひとたび完全雇用および完全利用の状態が達成されるならば、それ以後は、市場機構が有効にはたらきはじめるとみなされる。そしてそこでは、新古典派が明らかにしたような、競争均衡による効率的な資源配分が実現するというのである。要するに、新古典派経済学が成り立つための前段的条件を整備するもの、それがケインズ経済学だというのである。

だが、この総合は論理的に不整合だといわざるをえない。不完全雇用があるから市場の機能不全が生じるというのはケインズ理解として間違っている。たとえば貨幣賃金の硬直性というような要因があるから、市場の機能障害が起こり、それで失業が生じるのである。そして貨幣賃金の硬直性というのは、ケインズの場合、市場機構にとっての前提条件であるから、たまたま完全雇用になったからといって、その前提条件が消失するわけではない。したがって、その完全雇用状態は一般にすぐさま不完全雇用状態へと転落する危険を内包するはずなのである。新古典派的な枠組みを基本に据えて、ケインズ的思考をその枠組みの部分的補整に用いようとする新古典派総合のやり方は論理的に首尾一貫しないといわざるをえない。

しかし、こうした新古典派への回帰が企てられたのは、現実の市場機構が一九二〇年代では想像もつかなかったほどにうまく機能しはじめたという戦後の経験にもとづいてのことである。つまり、ケインズ派の市場にたいする不信感はいささかならず過剰の域に及んでしまったのも確かである。市場的自由経済が計画的統制経済よりはるかに効率的であることは実地の体験によって明らかであった。のみならず、わが国のいわゆる高度成長にその典型をみるごとく、五〇年代および六〇年代の持続的成長は主に民間から湧き上る経済的活力にもとづくものだったのであり、その活力を刺激し実際の生産・消費へと結実させていったのはほかならぬ市場機構だったのである。こうした経験を経ることによって、貨幣賃金の硬直性、生産物価格の固定性、投資の利子非弾力性および流動性の罠といったいわゆるケインジアン・ケースは特殊な状況においてのみ妥当するにすぎぬと片づけられることになったのである。

だが、六〇年代末から七〇年代初めにかけて、持続的成長の過程が終わりを遂げてみれば、ネオクラシカル・ケースの方が特殊だったのだという見方も説得力をもつことになる。特に、理論的にみて、新古典派的な論理が成り立つのは完全情報にもとづく完全合理性がつらぬく世界である。つまり全知的omnisicientな人間の行為を説明してみせるのが新古典派である。仮に不完全情報を想定するとしても、危険を確率的に予測しうるとするのであるから、全知的であることに変わりはない。こういう世界を純粋型として仮想してみることにも意義はあるわけだが、それはやはり経験世界の標準型ではなくて特殊型とみなさるべきであろう。

経済政策の矛盾

新古典派総合は市場の自動調節機能にかんする分析のみを精級化したのではない。財政・金融政策をはじめとする様々な経済政策論が、市場分析との連関を明らかにされつつ、精練されていったのである。ただ、経済政策の価値的規準とされたのがパレート最適性であることが多かったという意味では、そうした政策論も市場論の影響下にあったといえるであろう。ともかく、たとえばマスグレイブ R. A. Musgrave は、『財政理論』において、財政政策がいかなる資源配分機能、所得分配機能そして景気安定化機能を有するかについて体系的に論じた。また、流動性選好理論はトービンなどによって資産選択理論へと発展させられ、その種の理論にもとづきつつ、金融政策がとくに景気安定政策に及ぼす効果が詳しく検討されもしたのである。

財政政策と金融政策の双方がかかわる重要な政策課題は安定化政策 stabilization policy であるが、いったいなにを安定化させるのかということになると、おおよそ三つの目標があるとされている。第一に完全雇用、第二に物価の安定、第三に国際収支の均衡である。新古典派総合は、ケインズ的安定化政策によってこうした三つの目標が矛盾なく達成されるものとみなし、しかる後に、市場機構が十全に作動するであろうと見込んだわけである。

しかしここに、一つの重要な矛盾があるかもしれないことが指摘された。つまり、フィリップス A. W. Phillips によれば、失業と貨幣賃金率および物価の変化率とのあいだには負の相関があるというのである。いわゆるフィリップス曲線の存在である。もしそうだとすると、完全雇用と物価安定とを同時に達成することはできなくなる。安定化政策はそのうちに根本的な亀裂をはらむことになったわけで、それは新古典派総合のやり方に顕著なほころびが生じたことでもある。

フィリップス曲線それ自体はイギリスにおける経験則として主張されたものであり、それもどこまで一般的なものかも明らかではない。フィリップス曲線の理論化もあれこれ行われはしたが、それもどこまで普遍的なものか不確かである。しかしそれにもかかわらず、完全雇用と物価安定が両立できないかもしれないという可能性は新古典派総合を彩っていた楽観的気分に冷水をあびせるものであった。

さらに七〇年代に入ると、失業とインフレーションの同時存在といういわゆるスタグフレーション stagflation が生じてくる。インフレーションについてケインズは、有効需要が完全雇用産出量を上回るときにインフレが起こるというわゆるインフレ・ギャップ inflationary gap の理論しかもっていなかった。ケインズの枠組みではとうていとらええきれない価格現象が次々と起こりはじめたということである。それを新古典派がはたして説明できるかどうかということになれば、ふたたび問題はミクロ次元へと差し戻される。そして、ミクロとマクロがはたして整合するかどうかがふたたび論じられなければならないということになる。

不均衡の遍在

ミクロとマクロのあいだの連絡という問題においてまず念頭に浮かぶのは、数多のミクロ行動をいかにマクロへ向けて集計するかということであろうが、ここではその困難を了解しつつも、なんらかの便宜的手法で擬似集計が可能だと想定しておく。そうしなければ、そもそもマクロ経済学なるものが成立しないからである。以下で論じるのは、ケインズの考える市場においてはワルラスの模索過程が前提されていないということである。模索過程があるならば、需給が一致するまで価格が変動するのであるから、失業をはじめとして資源の不完全利用は生じないはずである。ケインズが市場の不均衡を問題にした根底には、ワルラス的な市場観の否定がのである。

非ワルラス的な状況にあっては、ミクロの次元において不均衡が生じる。ここで不均衡というのは、事前に期待した通りには事がすすまないということである。たとえばクラウアー R. W. Clower が指摘したように、所与の物価や賃金の下で消費者が労働供給や消費需要を計画したとしても、そのすべてが雇用されるとは限らない。そのとき、クラウアーによれば、消費者は実現した賃金所得にもとづいて、消費計画を再決定 dual decision するというのである。ともかく、経済主体が自己の形成する期待によって行動せざるをえないとき、そして期待と現実が乖離するのが一般的であるとき、様々なかたちでミクロ主体は不均衡をかかえるのである。その不均衡を新たな情報として、期待を再形成するのではあるが、そのときには市場の状態が新たな段階へと至って、またしても期待の実現は偶然をおいては不可能である。

またマクロの次元においても、様々なミクロ主体がそれぞれの期待にもとづいて行動しているわけであるから、その相互調整がおいそれと均衡へ至るわけがない。ともかく、ワルラス的な市場均衡があまりにも便利な、しかしあまりにも非現実の虚構であることに疑いはない。非ワルラス的な市場がいかにして調整されうるか、様々な限定をつけたうえでの特殊な分析はあれこれ提出されているようではあるが、一般的に妥当する解答をみつけるのは至難であろうと察せられる。近時、「ケインズ経済学のミクロ的基礎」にかんする文献がたくさん発表されているが、そのすべてが、問題の特定の側面を強調する特殊論であるとの印象がつよいのである。

さらにケインズの再解釈にあたって、依然として新古典派的な人間観および社会観が維持されているのは疑問なしとしない。不確実性や不均衡を加味するとはいえ、合理的個人の合理的選択という想定がそれらの再解釈を支えている。ケインズには、不明確とはいえ、そうした合理主義や個人主義の方法を脱け出る契機が含まれている。その面に光を当てるならば、ケインズは単に均衡論的経済学からの離脱を試みたにとどまらず、純粋経済学からの離反をも企てた人物ということになろう。しかし、新古典派系統の人はいうに及ばず、ケインズの衣鉢を頑固に継承しようとしている人々すら、経済学の枠内からほとんど一歩も出ようとはしないのである。

第十八章

成長、技術および発展の経済思想

すでにみたように、ケインズの考えを動学化する作業は一九二〇年代後半からずっとつづいた傾向であった。しかし、先進諸国が五〇年代から持続的成長を享受するようになると、むしろ新古典派的な関心の下に、成長論が盛んに論じられるようになり、それにつれて、ケインズの動学化をその特殊ケースとして含むような、より広い成長にかんする学説史的整理も行われるようになった。新古典派総合の思想運動は、その重要な一翼として、成長論の隆盛を随伴していたのである。

新古典派の成長観

ソローやスワン T. W. Swan によってはじめられた新古典派的成長論の特質は、工学的なものだといえる。つまり、経済全体の技術的可能性が集計的生産関数によって表現されるとして、完全雇用が達成されるような競争的労働市場が存在するとすれば、労働要素は外生的に与えられる人口増加率と同率で成長し、また資本要素の増分は、つまり資本蓄積は、国民所得の一定割合をなす貯蓄によって定まるというわけである。ハロッドの模型との相異は、資本と労働との技術的代替を認める点である。それが因になって、新古典派的な成長経路は資本・労働比率が一定となるような均斉成長 balanced growth へと向けて安定的に収斂するということになる。そして、資本と所得がともに貯蓄率を資本係数で除した値に等しい率で成長するその長期均衡状態にあっては、利潤率、分配率、資本係数などが一定値を満足するのである。

ここで明瞭なのは、資本蓄積を説明するに当たって投資関数が用いられていないことである。貯蓄が直ちに資本蓄積になるものと考えられている。資本と労働の連続的代替が可能ないわゆる「お行儀のいい生産関数」well-behaved production function という仮定の下での議論は余地の多いものであるが、それ以上に、この投資関数の不在という性格は新古典派の成長模型を極度に非現実のものにする。そのことは、供給されたものは、生産物であれ労働であれ必ず需要されるという、いわゆるセーの法則に立戻ったということでもある。またこのことは、貨幣面とはまったく独立に実物面の変動経路が定まるということである。まことに新古典派のみごとな、というより奇妙な復活といわなければならない。

この種の成長論は、形式的分析が容易かつ明快であるために、様々な修正・拡張を加えられて、とくに六〇年代の前半、斯界を席捲する勢いであった。その趣くところは、経済にかんする工学的説明の優位である。技術的可能性が示されれば経済の長期的動向がおおよそ判明するという見方である。経済主体の抱く動機や期待などにはほとんど関心が寄せられないし、また市場の調整がいかなる障害に遭うかというようなことも考慮の外におかれる。誇張をおそれずにいえば、新古典派成長論は経済学というよりも社会工学の一種というべきものであろう。こうした議論が経済学の中心に登ったという一事からも、当時における新古典派の復活とそれを支えた経済の数理化の激しさをうかがうことができよう。

なお、工学的なるものとしての成長論はいわゆる多部門成長論 multi-sector theory of economic growth の分野においてよりはっきりとした姿を示した。それは数学者フォン・ノイマン J. L. von Neumann の試案に発するもので、多数の産業部門をもつ経済において均斉成長が可能かどうかを問うものである。かなりに高度な数学を用いてなされるその説明は、意味づけという点からいえば、やはり工学の部類に属する。これと同系列にあるのは、レオンティエフ W. W. Leontief の考案したいわゆる投入産出分析 input-out analysis という技術的枠組みにもとづいて成長を論じるものである。いずれにせよ、このような研究からいくつか重要な発見がなされはしたものの、人間が動機を担って社会制度のなかで行為するということにかんする研究とはいえない。

ケインズ派の成長観

トービンは、集計的生産関数の存在や投資関数の不在という点では新古典派的ではあるものの、流動性選好関数の導入という点ではケインズ的であるような、成長模型を提出した。それ以後、この実物面と貨幣面とを連関させた成長論は貨幣的成長論 monetary theory of growth とよばれている。資産として貨幣残高が入るために、貯蓄関数が変容するし、また生産物の価格変動を追うこともできる。さらには、貨幣資産の増加見込が期待インフレ率に依存するというかたちで、ケインズの関心事の一つであった期待についても論じることができる。また、ちょっとした修正をほどこせば、貨幣賃金率の短期的固定性を組み込んで、失業について論じることも可能になる。

しかし、投資関数が存在しないというのは、ケインズ派としてはほぼ致命的な欠陥である。また、ケインズにおける期待要素の重要性は投資決定において最もつよく現れるものであってみれば、インフレ期待率の導入は第二義なものにすぎないとも解釈される。のみならず、期待形成がいかに変化していくかを機械的な心理過程として盛り込むような話になると、ケインズの見方から実質的には離れたものになるとの感も深い。つまり、ケインズにあっては、容易には確率化もできず、定式化もできないものとして不確実がとらえられている。不確実への取り組みが機械的に記述されるような場面は、ケインズ的とは思われないのである。

この点は、カルドアなどによるケインズ派成長論においても同様のことがいえる。彼らは投資関数をできるだけ明示し、また集計的生産関数をできるだけ利用しないという方向で成長論を展開しようとした。しかしその成果は必ずしも明白ではない。むしろ、ロビンソンにおいて典型化されるように、成長論はある種の非現実の状態を仮想してみるところに自己限定すべきだという消極的主張をなした点に、彼らの特色があるのではないか。つまり、現実の成長経路は、投資を論じるにせよ、インフレを論じるにせよ、期待の変化を論じるにせよ、あまりにも複雑で手に負えないということである。

ともかく、様々な成長論が咲き乱れ、それぞれなんらかの痕跡を経済学説史に印したことは間違いない。しかし、そのきらびやかな数学的衣裳を剝いでみると、通常に思われているほど、大きな遺産を残していないのが成長論の分野だといって過言ではないであろう。

生産性の上昇

労働生産性の変化は、労働の資本装備率 capital-intensity の変化と技術進歩から生じると考えられる。計測によると、生産性変化の九割に近い部分が技術進歩によるものだという。もしそうだとすると、技術進歩を抜きにして経済成長や生産性の上昇を語れないことになる。ここから、とくに一九五〇年代以後、経済成長論と組み合わせられるかたちで、技術進歩論が盛んになったのであった。

しかし技術は、集計的資本の測定が困難である以上に、測定することがほとんど不可能なものである。それゆえ、技術進歩の生産性上昇に対する貢献度というのも、資本装備率の変化の貢献を差し引いた残余として計算されたものにすぎない。もし資本装備率以外に、たとえば教育支出とかインフラストラクチャーへの支出というような生産性向上に寄与すると考えられる要素を明示的に考慮していくならば、この残差も次第に小さくなるであろう。実際、ある計測によれば、残差はほとんど零になってしまう。つまり、費用の投入なしに生産性向上は不可能だということである。

技術をめぐるもう一つの問題点は、技術知識を変数として扱うことそれ自体のもつ難点である。つまり、ミクロのものにせよマクロのものにせよ、生産関数とは生産諸要素の結合の仕方に関する知識を表すものにほかならない。その知識を変数として、あるいは生産要素の一つとして数え上げてしまうと、生産関数そのものが消失してしまう。消失しないまでも、通常の技術的知識としての生産関数というのとは異なる解釈が必要になる。たとえば企業者能力のような人間力量が生産関数の形状を意味するというような解釈をしなければならない。いずれにせよ、技術の問題は、それをいかに測定するかをめぐって様々な困難に逢着するわけである。

技術進歩の形態

技術進歩が生産関数に影響を与える仕方には様々なものがある。ヒックスは、労働の資本装備が不変であるならば、労働の限界生産力の比率も不変にとどまるような技術進歩を中立的 neutral とよんだ。もしその比率が高まるなら労働節約的 labor-saving、逆に低まるなら資本節約的 capital saving というわけである。ハロッドは、利潤率が不変であるならば、資本係数も不変にとどまるような技術進歩を中立的とし、資本係数が高まるなら労働節約的、低まるなら資本節約的とした。ソローはこれとは逆に、労働係数つまり労働に対する産出の比率が不変ならば、分配率もまた不変にとどまるような技術進歩を中立的とよび、資本分配率が高まるなら労働節約的、労働分配率が高まるなら資本節約的とした。それぞれの中立型の進歩は、ヒックス中立が産出量増大的 product-augmenting、ハロッド中立が労働増大的 labor-augmenting、そしてソロー中立が資本増大的 capital-augmenting ということを意味する。ここで「増大的」というのは、生産関数のなかで技術がどの要素の効率を高めるかたちで機能するかということである。

しかし一般に、新しい技術は新しい資本財に体化 embody されるかたちで生産過程に入ってくる。このことを表そうとするのがいわゆるヴィンテージ vintage 模型である。ここでヴィンテージというのは資本財の製造年月日のことである。新しいヴィンテージがより新しい技術を体化しているわけである。そうなると、各ヴィンテージの資本財ごとに生産関数が異なるということになり、問題はそれらの個別生産関数をヴィンテージの全体にわたって集計できるか否かということになる。ある特定の場合にしかその集計は可能でないことがすでに明らかにされている。また、おそらくは、労働についてもヴィンテージを考えることがなにほどかは可能であろう。たとえば、若年労働者の方が新しい技術に親しみやすいというふうにである。ともかく、ヴィンテージ模型は集計的資本という概念が果たして可能かどうかという問題とのかかわりで発展させられたものである。その結果は、おおまかにいうと、資本の集計は相当に困難だということである。

技術進歩の発生因

すでにのべたように、シュムペーターのいわゆる新機軸ないしは新結合の議論は、企業家職能の最たるものがそれを可能にすると強調するもので、技術を内生的にみようとするものだったといえる。またカルドアはいわゆる技術進歩関数 technical progress function の考えを発表することによって、技術をさらに内生化しようとした。つまり、資本蓄積が生産増加をもたらす、あるいは投資増加が生産性上昇をもたらす、というふうに考えたのである。

しかし内生理論へ決定的に踏み込んだのはアローK. J. Arrowの学習理論learning theoryであろう。彼は、心理学方面の理論を応用して、人間は行為を通じて学習するものであるということに着目した。つまりアローが示したのは、特別の資源あるいは費用の投入なしに、しかし経済的経験の中から内生的に、技術進歩が生じる可能性であった。

この逆の面を強調するのがいわゆるR&Dである。研究researchと開発developmentに資源を投入することによって技術進歩がうまれるという考え方である。経済は通常の生産活動部門と研究開発部門の二部門によって構成されることになる。これは、より広くいえば情報産業あるいは知識産業を強調することであり、いわゆる脱産業(というより脱工業)社会post industrial societyの考え方と軌を一にするところがある。

ただし、この種の接近の難点は、少なくとも数理的分析の方面でみる限り、技術水準なりその変化なりを定量化できるとしているところにある。研究開発への資源投入はある程度測定可能であろうが、その生産物である新技術や新情報をいかなる尺度で測定するのか、その困難というよりも不可能性はわざわざ論じるまでもないであろう。R＆D模型は、技術・情報の生産に費用がかかるという点を浮彫りにした点では意味があるが、それにまつわる様々に精密な形式的分析は、その測定不能性に言及するや、ただちに崩壊する類のものだといってよいであろう。

最後に、技術・情報にかんする議論がいわゆる公共財 public goods の議論ともふれあうということを指摘しておこう。技術・情報は共同使用することの可能な公共財である。しかし、市場経済であるかぎり、新しい技術・情報の私的占有を保証しなければ、それへの費用投下が行われるはずがない。つまり、特許権 patent の制度をつくらなければならないということである。もうひとつの制度的処置は、いうまでもなく、公共財としての技術・情報の生産を公共部門が担当するということである。しかしこの場合は、利潤動機のような強力な誘因がないので、その効率が低下するかもしれない。というように、技術の問題の複雑性はどうやら近代経済学的の形式には収まりそうにもない。おそらく、この方面の問題は、科学的分析の域をはみでるのであって、もっと大雑把な文明論的な把握の方が説得的であるのかもしれない。

歴史的段階論

経済発展 economic development の概念は経済成長のそれと、重なる部分もないわけではないが、異なった水準にある。経済成長という言葉は、文化、社会、政治および経済の構造がおおよそ変化しない場合に用いられる。それゆえ、経済問題に即していうと、産業構造も所与とみなされる。他方、経済発展という言葉は、それらの構造が変化しうるような、より長期のパースペクティヴに相応するものである。したがって経済発展について論じるときには、なにほどか歴史への考察が必要になるのであり、必ずしも経済学の枠内に収まらぬ要素を伴うことになる。具体的には、後進国 underdeveloped country あるいは発展途上国 developing country の問題がそうした発展論的枠組みの下に論じられることになるのである。

歴史学派の人々は、文明が歴史的に様々な段階を経て発展するものだということに大きな関心を抱いた。たとえばリストは、野生、牧畜、農業、農業・工業の併存、農業・工業・商業の併存というふうな段階を考えたし、シュモラーは村落、都市、領邦、国民というふうに経済規模が拡大すると考えたのである。マルクス派も、階級史観にもとづきつつ、古代的、封建的そしてブルジョア的というふうに生産様式が発展するとし、合わせて、独得の共同体を基盤にして成り立つアジア的生産様式が存すると考えた。しかし、これらの概念的枠組みは主として経済史にかかわることであり、分析的なるものとしての経済学からはかなり距離のある事柄である。

ポラニー K. Polanyi などによる経済人類学は、市場経済との分析的比較を焦点に据えつつ経済史をとらえるという意味で、経済学により近づいている。たとえば、互酬 reciprocity 、再分配 redistribution および市場交換 market exchange という三つの経済制度を類別することを通じて、市場交換にあまりにも偏倚《へんい》している近代資本主義社会の特異性が摘出される。類似の制度論はヒックスなどにもみられて、たとえば慣習経済 customary economy および指令経済 command economy との相対で市場経済 market economy が位置づけられるのである。

近代社会に限定したうえでの段階論となるとマルクス派の貢献を無視することができない。たとえば宇野弘蔵氏は、『経済政策論』などにおいて、重商主義、自由主義および帝国主義という歴史的な段階区分を示した。さらにマルクス派の多くは、今世紀の資本主義をいわゆる国家独占資本主義と規定し、国家と独占体の癒着を説き明かそうとしている。しかしこうした歴史的な段階規定も、一方においては概念的な検討、他方においては歴史的事実の整理に埋没するというかたちで、分析的な媒介項を欠くために、経済学の本体に肉迫しうるものにはなっていないということができよう。

数量的段階論

ロストウ W. W. Rostow は、『経済成長の諸段階』において、資本主義の没落を予告するマルクス派に抗する意図をもって、主として数量的な事実認識に依拠しつつ、いわゆる成長の五段階説を展開した。つまり、伝統社会、離陸準備期、離陸期、成熟期そして高度大衆消費時代の五段階である。中心的な論点は離陸 take-off の概念にあり、それは投資率が約一〇パーセントに上昇するあたりで開始するとみなされる。これ以後、いわゆる計量経済史 econometric history の手法に依りつつ、様々な近代化論が検討されている。それらの基本的特徴は、市場経済的な、あるいは合理的な、行為動機と制度形成とをおおよそ通歴史なものとみなし、それらの発達を数量的に跡づけるところにあるといえよう。

なお、近代資本主義社会についての数量的史観については、景気循環 trade cycle についての実証分析にふれておく必要があろう。コンドラチェフ N. D. Kondratiev は、四〇年から五〇年の周期で波動するいわゆる「コンドラチェフ波」を検出した。そのほか、クズネッツ S. S. Kuznets は一五年から二五年を周期とする「クズネッツ波」を発見したし、ジュグラー J. C. juglar は七年から一〇年を周則とする「ジュグラー波」を取り出した。つけ加えれば、キチン J. A. Kitchin は四〇か月前後の周期からなる「キチン波」の存在を指摘した。コンドラチェフ波は資源・エネルギー、技術革新、戦争などの要因からうまれ、クズネッツ波は人口や建設の波に対応し、ジュグラー波は設備投資の波を、そしてキチン波は在庫投資の波をそれぞれ反映すると考えられている。どれほど確定的なものかはともかくとしても、これらの波動が組み合わさって経済の長期的発展をなにほどか形づくっていることは否定できないであろう。

工業化の段階

ロストウのいう離陸とは工業化 industrialization の進展のことにほかならない。工業化についてはたくさんの実証研究がなされていた。ホフマン W. G. Hoffman は投資財産業と消費財産業の比率を調べ、前者が増大する傾向があると指摘した。またクラーク C. G. Clark は第一次産業、第二次産業および第三次産業の比率を問題にし、第一次産業の傾向的低下を示した。さらに、工業化が諸産業の均斉的発展というかたちですすむか、それともたとえば主導産業 leading industry あるいは鍵部門 key sector の突出によって非均斉的なかたちになるか、といったような議論がくりひろげられた。さらに産業構造の変化の過程で、幼稚産業 infant industry を保護すべきかどうか、衰退しつつある産業に対していかなる調整措置をほどこすか、というような議論もある。

しかし工業化の類型が論じられる前に、工業化の可能性が分析的に明らかにされなければならない。それを主たる論題にするのが後進国発展論である。後進国の農業部門には、その限界生産力が農業従事者の収入を下まわるという意味での、いわゆる偽装失業 disguised unemployment が堆積していると考えられる。また都市においても、マルクス流にいえば、産業予備軍 industrial reserve army が累積されている。このことに拍車をかけるものとして、後進国における人口爆発 population explosion がある。ごくおおまかにいえば、後進国の少なからぬ割合において、マルサスの人口法則めいたものがいまもはたらいているといって差し支えない。農業における収獲逓減と過剰人口との結果として、賃金は生存水準に釘づけされる傾向になる。つまり、後進国においては古典派の賃金論の方が妥当するのである。

こういう労働過剰経済 labor surplus economy において、いかにすれば工業化が可能となるか。ルイスをはじめとして、多くの論者が都市部門 urban sector と農村部門 agrarian sector の二部門からなる経済発展の模型を作成した。そこでの主要な論点は、工業化の転換点を探ることであった。またこの線にそっての実証分析も行われた。転換を可能にする主たる要因は、都市部門における利潤分配率の上昇とそれによって惹き起こされる投資率の増大ということである。

しかしこのような単純な分析は必ずしも説得的とはいえない。なぜなら、後進国もまた一次産品の取引を中心にして国際貿易の渦中にあること、そのことと関連しているわゆる多国籍企業 multinational corporation の影響が及ぶこと、後進国における政治的危機が経済の動向に深刻な影響を与えること、先進国からの技術移転を可能にしうるような熟練労働を確保しうるかどうかということ、そして後進国における習俗習慣が経済発展を阻害するかもしれないことなどを考慮に入れると、後進国の経済発展を閉鎖的に扱うことも、純経済的な角度からみることも困難になると考えられるからである。

他方において、先進諸国が高度大衆時代から脱け出ていかなる時代へと発展していくのかという問題もある。ベル D. Bell のいう脱産業社会論をはじめとして、情報社会、知識社会、教育社会そしてハイテク社会などの様々な未来論が試みられてはいるが、それらは文明論の領域にあって、経済学からは程遠い。サーヴィス社会などは経済学の発言できる範囲のような気もするが、しかし、サーヴィスという無形財こそは文化の質を内包するものである。それについて経済学の貢献するところは大きくはない。発展論は、後進国においても先進国においても、いまや経済学のみでは分析しようのない複雑な段階に入りつつあるといえよう。

◉第十九章

貨幣の経済思想

貨幣数量説

一八四四年にイングランド銀行法が制定されたが、それに先立って、通貨学派currency schoolと銀行学派banking schoolのあいだに激しい論争があった。通貨主義は、貨幣の流通手段機能に着目し、中央銀行は全額正貨準備の裏付けの下でのみ銀行券を発行すべきだと論じ、銀行主義は貨幣の機能をより広くとらえて、実物経済の流通を円滑にすすめるのに必要な銀行券は中央銀行の自由裁量によって発行すべきだと論じた。この論争は、十九世紀の初頭、金価格の騰貴をめぐる地金論争bullion controversyの延長戦ということができる。つまり地金主義者は銀行券の過剰発行に非を鳴らし、非地金主義者は地金価格の騰貴は経済事情全般の帰結だと主張した。結局、地金論争は地金主義者リカードの勝利に終わり、通貨論争もリカード主義の勝利に帰した。ここで勝利というのは政治的もしくは法制的な成果のことである。

それ以後、地金主義および貨幣主義の思想はいわゆる貨幣数量説 quantity theory of money というかたちにまとめあげられていく。物価の変動は貨幣数量の変動に比例するという考え方は古来から存在するものであるが、それがフィッシャーのいわゆる交換方程式 equation of exchange という定式を得たわけである。つまり、貨幣の存在量と貨幣の流通速度との積は物価と取引量との積に恒等的に等しいというものである。これは恒等式にすぎないが、新古典派が実物面と貨幣面との二分法を採用したことを考慮に入れると、まず取引量が実物面で定まり、それに流通速度が制度的に一定だという想定を加えると、貨幣存在量と物価との比例関係が得られる。つまり貨幣数量説である。

マーシャルを筆頭にするケムブリッジ学派はいわゆる現金残高方程式 cash balance equation によって、貨幣存在量は実質所得と物価と流通速度の逆数の三者の積に等しいとした。これは交換方程式と同一ではあるが、しかしそこには、貨幣需要を明示的に考察しようとする姿勢がうかがわれる。つまり流通速度の逆数はマーシャルのｋ

Marshallian k とよばれたものであるが、それは貨幣所得に対応していかなる貨幣需要がうまれるかを説明するためのものという含みがあったのである。

ケインズが貨幣需要のことを流動性選好関数というかたちで論じたことはすでに述べた。しかしフリードマンによって唱導されているいわゆる新貨幣数量説は、ふたたびマーシャリアンkの安定性をいうことによって、貨幣量が物価水準を決めるという考え方を押し出している。つまり、マーシャリアンkは実質利子率に依存しない、もしくは、少なくとも長期的には、実質利子率は一定であることを強調するのである。このことの背景には、ケインズが所得もしくは雇用の決定に主たる関心を払って、インフレーションの問題は第二義とみなしたことにたいする反発が秘められている。フリードマンらの貨幣主義者 monetarist にとっては、物価安定あるいはインフレ率の安定が資本主義的交換が円滑にすすむための前提条件とみなされている。それゆえ、もし貨幣数量説が妥当してくれるならば、たとえば貨幣供給率を一定に保つことによって一定のインフレ率を享受することができ、それによって経済全体の円滑な運行が可能になると考えられるのである。

しかしフリードマンも理論的には認めてしまっているように、実物面と貨幣面とは分離できない。それゆえ、貨幣供給率を一定に保ってもインフレ率の安定化は保証されない。なるほど、長期的趨勢としてはマーシャリアンkが安定しているという経験則が実証されてもいる。仮にその結果を承認するとしても、長期は短期の連続なのであってみれば、フリードマン的貨幣政策によって物価の短期的不安定性が強まったとすると、今後の長期においてもマーシャリアンkが安定するとは必ずしもいえなくなる。

しかし、おおまかな思想としていえば、政府の恣意的介入を極力抑えたいというのが貨幣主義者の構え方であろう。ケインズによって方向づけられた政府の裁量的政策 discretionary policy が経済をかえって攪乱させることを貨幣主義者は懸念しているのである。貨幣数量説の理論的・実証的な説得力というよりも、それを通じて表明されている否定的な政府観の方が重要と思われる。この点では、中央銀行そのものを廃止して、貨幣供給をすべて民間銀行の市場行動に委ねよというハイエクの主張の方が思想的に一貫しているといえよう。しかしここまでくると、貨幣とは何か、国家とは何か、という本質論にまで遡及しなければならないことになるのである。

貨幣国定説

貨幣の起源については金属主義 metalism と名目主義 nominalism の二系列の学説がある。まず前者については、貨幣はそれ自体が商品であることを重視するもので、メンガーのいう販売可能性 saleability の高い商品が貨幣として選ばれていくという考え方である。たしかに歴史的発生としてはそういえることが多いのであろうが、問題は高度の販売可能性がどこからやってくるかということである。販売可能性は必ずしも各人の効用評価にもとづくのではない。消費における使用価値としては、たとえば貝殻のように、無に等しくても、他者から交換の媒体として欲せられる度合が強ければそれでよいのである。ということは、皆が販売可能性が高いと思う財が高い販売可能性をもつということである。だとすると、この社会共有の通念がいかにして発生するか、それが問われなければならない。

少なくとも論理的発生としては、人々が取引をなすのに先行して、取引を媒介してくれる媒体がなければならぬという観念が人々に共有されるのだ、と考えなければなるまい。つまり、暗黙の集合意識としてすでに貨幣観念が存在しているということでである。

この集合観念を法制的に明示しようとすると、クナップ G. F. Knapp の貨幣国定説 Staatliche Theorie des Geldes, state theory of money ということになる。つまり名目説である。貨幣は国家がそれを貨幣として制定したもののことだということである。実体的には、紙幣 paper money はまさしくこうした法的約定にもとづいて流通しているのである。紙幣は金属貨幣に遅れて出現したので、貨幣本質論としては金属主義の方が採られがちである。しかし論理的発生としては、貨幣は社会的な約束として成立するという約束説 conventionalism にも十分な言い分があるのである。

ただ、クナップは、そしてケインズも、その約束をあまりにも政治主義的にとらえたきらいがある。貨幣が国定される前に、社会の慣習のうちに蓄積される暗黙の合意がなければなるまい。つまり人々は、暗黙のうちに、社会全体を統轄する中心的な象徴を求めているということである。この中心的象徴の一つの表れが貨幣であるのだが、国家もまたそうした中心的象徴として形成されるのであってみれば、国家の権力・権威が貨幣を支えるのはむしろ当然である。少なくとも、国家が社会的慣習の体系に支えられているとするならば、そういうものとしての国家を暗黙のうちに信頼する態度が人々のうちに共有されてはじめて、貨幣への信頼感もうまれるのである。貨幣主義者たちによる国家への不信は思想の論理として破綻せざるをえない類のものである。市場交換が成立するのは、その交換システムの存立を可能にしている中心的象徴を人々が共同的に信頼するという前提があってのことである。国家は、その機能のすべてというのではけっしてないが、そういう中心的象徴を維持することをもって重要な任務としているのである。

インフレーションのもたらすおそらく最大の損失は、人々のこういう信頼感を損なう点にある。ケインズがその種の損失を軽視したことを批判する点では、貨幣主義者は正鵠を射ている。また裁量的政策の発動を専らにするような国家は、慣習によって支えられているはずの国家への信頼そのものをつき崩すという意味で、自己破壊的ですらある。しかしそのことを指摘したとて、貨幣主義の国家不信が正当化されるわけではない。貨幣そのものが国家の支えを必要としているからである。貨幣主義者は市場を肯定して国家を否定する。ケインズ主義者は国家を裁量的措置のための単なる道具とみなす。双方ともに一面的な国家観であり貨幣観であるといわなければならない。

国家によって代表される社会の全体的システムにたいする信頼感、それがあってはじめて貨幣は交換の媒体となる。しかしその信頼感は物事の反面にすぎない。経済にまつわる全体的システムの将来が確実に予測できるならば、貨幣を保有することはもちろん、それを使用することの意味もほとんどなくなる。そういう場合の貨幣は単なる計算上の基準にすぎぬものになる。貨幣が存在しなければならないのは、将来が危険を伴うものであって、それゆえ全体的システムにたいするなにほどかの不信感を人々が抱くからである。貨幣は社会にたいする信頼と不信を調整する媒体でもあるのである。

資産選択の理論

いわゆる資産選択 portfolio selection の理論とよばれるものは、ケインズの流動性選好理論における投機的動機を一般化する方向で、貨幣を含む様々な金融資産のあいだの選択を論じるものである。つまり、様々な金融資産の収益率が危険をはらむものと考え、それら収益の確率分布を考慮に入れたうえで、諸資産がいかなる組み合せで選択されるかを説明するのである。

こうした理論が有効である部面はもちろんあるであろう。しかし、貨幣のもつ制度的性質が無視されていることも否めない。貨幣を流通手段、決済手段そして価値貯蔵手段として選択したのは社会の慣習であり国家の法である。そのことについての解釈をほどこさない限り、貨幣は他の金融資産と同列に扱われることになる。貨幣以外の金融資産で収益率のより高くかつ安全なものがあれば、販売可能性が大きいことをもって、それを貨幣として使用するような経済をも考慮に入れなければならないということである。そうすると、既存の貨幣はすぐさま廃棄されることになろう。つまり、何を貨幣とするかについては、収益率以外の制度的要因が作用しているわけである。資産選択の理論は貨幣経済の枠内における仮説であって、経済における貨幣の意味を明らかにしてくれるものとは考えられない。

◉第二十章

期待形成

ウィクセルやケインズが将来にたいする期待という要素を経済学に導入したことについてはすでに述べた。期待要素こそは経済行為が時間意識の下になされることを表現する中心的な変数である。

先物市場

ある種の商品については、将来時点での商品引渡を現在時点で契約する。それが先物市場 futures market であり、そこで成立する価格を先物価格 futures price or forward price とよぶ。また将来の価格については各経済主体が期待価格 expected price をもつ。期待価格は、いうまでもなく、必ずしもその通りには実現されないものであるから、期待価格を参考にして行動する経済主体は危険を引き受けなければならない。先物価格と期待価格とを比較しながら、危険をあえて引き受けて、商品の購入と再販売とによって利得を挙げようとするのが投機家 speculator である。他方、こうした危険を回避するためにいわゆるヘッジ hedge（つなぎ）をするものもいる。投機家とヘッジャーは、現物市場 spot market と先物市場の双方を相手にして、それぞれ将来における期待価格を予想しながら、危険愛好 risk-love と危険回避 risk-avert という相異なる動機に立って、取引し合っているわけである。

このように市場機構は先物というかたちで将来時間を自らの体系のうちに取り込むことができるわけであるが、先物市場は限定された商品についてしか成立しない。というより、価格変化への期待が不安定に変動するせいで投機の対象となりやすいような商品についてのみ、先物市場ができあがっているのである。ということは、一般的には、先物市場がないという状況の下で、各経済主体は、将来への期待を形成しつつ行動しているということである。

期待効用

将来の危険度を危険プレミアム risk premium というような数値で評価できるとすれ

ば、将来のたとえば収益率は期待収益率から危険プレミアムを差し引いた数値によってとらえることも可能である。これは不確実な状態を確実な状態に写し替えるやり方であり、その際に用いられる一価的な数値は確実性等価 certainty equivalent とよばれている。

しかし、より一般的には、将来の状態は確率分布で表現されるのであり、その場合に経済主体の行動目的は期待効用 expected utility の最大化であるとみなされる。期待効用の考え方は今から二三〇年前に、ベルヌーイ D. Bernoulli によって提案され、その後フォン・ノイマンとモルゲンシュテルン O. Morgenstern によって彫琢されたものである。結論的にいうと、期待効用を問題にする場合には、確率分布の期待値や分散などの指標を勘案しなければいけなくなるわけである。この方面の数理的分析もアローなどによってなされているが、難解にすぎるので、ここでは説明を省略する。

期待の弾力性

ふたたび確実性等価のかたちで表現される期待の問題に戻ると、ヒックスによって定義された期待の弾力性 elasticity of expectation の概念が重要であろう。たとえば価格について期待の弾力性とは、期待価格の変化率にたいする現在価格の変化率の比率である。つまり、現在価格が一パーセント変化したとき期待価格が何パーセント変化するかを示すものである。一般に、期待の弾力性が大きいということは将来の危険が大きく評量されるということであり、経済体系は不安定化する傾向にある。

静態的期待形成

期待の弾力性も期待がいかに形成されるかを述べる一つの定式であるが、最も簡単な期待形成仮説は静態的なものである。価格についていうと、現在価格が将来にわたって続くであろうと期待する仕方である。期待の弾力性が一という値をとる場合も、価格変化率についての静態的期待ということができよう。技術や人口や貨幣供給といったような外生的要因に変化がないと想定するような場合には、市場における価格水準について静態的期待形成を仮定するのが普通である。

適応的期待形成

現実の変化に適応して期待を修正していくというのが適応的期待 adaptive expectation

である。たとえば、昨期から今期へかけて価格が増大したとすると、それにある程度適応して、次期の期待価格を今期について予想していた期待価格よりも高めに予想するというやり方である。これは期待形成を動学化する簡明な方式であり、様々な動学模型において頻用されている。この適応様式は、過去の実績の加重平均という解釈も可能であり、それなりに説得力をもっている。しかしその加重がいかにして定まるかについては不問に付されている。さらに、ある変数の実績値は様々な要因との関連で決まったものである。この点にこだわると、ある変数について期待を形成するには、その変数とかかわりのあるすべての要因の動向についても期待を形成するのでなければ、不十分だということになる。

合理的期待形成

合理的期待 rational expectation というのは、経済学者が様々な需給曲線の存在を仮説して、その均衡値を予測するのとちょうど同じように、経済主体は市場についての理論化と実証化とを行いつつ、将来に起こるべき市場均衡状態がどのようなものであるかを合理的に期待するという考え方である。

ムース J. F. Muth によってはじめられたこの合理的期待の考え方は、経済主体の合理性を想定する新古典派の思想の論理的帰結だといえる。と同時に、それは市場の原理と根本的に対立するものでもある。なぜなら、個別主体は自己に直接的に関連する情報にのみ従って行動していれば、市場調整によって社会的に望ましい状態が達成される、それが市場の原理だからである。市場理論は、個別主体が市場の全体にわたっての情報を所有したり使用したりすることを前提していない。またそれが、市場による情報処理が効率的であるゆえんでもある。

合理的期待の考え方は合理性を追求した挙句に市場原理を否定してしまったわけであるが、この亀裂は新古典派思想そのもののかかえる矛盾でもある。つまり新古典派の想定する合理的個人とは原子的 atomistic なものであり、原子としての個人は社会全体についての考慮を何一つなさないと仮定されている。つまり、典型的には、市場で指示される価格に対してのみ反応するものだと仮定されている。これはあまりにも極端な想定といえよう。いかなる個人も社会あるいは市場の全体が将来いかなる状態になるかについて、なんらかの期待を形成しつつ行動しているはずである。この点においては、市場の全体状況を予測するというかたちでの期待形成は十分に根拠のあるものである。

しかし、その予測が合理的であるのはこれまたあまりにも極端な想定である。せいぜいが、おおまかなヴィジョンとして市場の全体像を期待するのが個人もしくは個別主体のなしうることとである。たしかに、ビジネス・エコノミストの一部がマクロ的な予測モデルを操作してもいるし、官庁エコノミストの開発したマクロ・モデルの予測結果が消費者や企業に敏速に伝達されてはいる。しかし消費者や企業がそうしたマクロ情報にもとづいて行動している形跡はあまりにも少ない。それらの情報は将来へのヴィジョン形成の素材として用いられているにすぎないのである。

すでにサイモン H. A. Simon は制限された合理性 bounded rationality という概念によって、人間および組織の情報収集と計算能力には限界があることを指摘している。合理的期待形成仮説は全知的主体にのみ妥当するという意味で、非現実というほかない。同じことは、期待効用最大化行動において、主観的なものにせよ、経済主体が将来の状態について確率分布を抱いているという想定についてもいえる。そうした確率分布を主観的に構成するのにどれほど多大の情報を必要とするかを考えてみると、それはほとんど全知的人間のみがなせることだというほかかない。理論はつねに単純化であるから、その種の全知的人間の想定も許されるという意見がある。しかし、どんな単純化であってもいいというわけにはいかないのである。経済主体はたしかに市場の全体像を思い描いているのだが、それはヴィジョンとかイメージというかたちにおいてである。しかもヴィジョンとかイメージとなると、それは個的な産物にとどまらず、流行とか時代精神といったような集団心理をも伴うものである。それは、合理的個人という新古典派的な人間観とはずいぶん異なる見方にもとづかなければ、説明しえぬ状態である。

期待要素は経済学の核心である。しかし、合理的個人の見方に従う限り、期待についての説明は右にみたようにごく人工的な種類のものになってしまうのである。人間の時間意識は、根底において社会意識でもある。経済学は社会意識を排除する方向で組み立てられた学問である。ケインズのような異端はそのことに気づき、経済学の本流とはずれたところで期待要素を取り扱おうとした。しかしそうした試みは発展させられることなく、ついには、経済学の自己破壊的ともいえる合理的期待形成仮説をうみ落とすような極限状態に立ち至っているのである。

◉第二十一章

厚生経済学

平等主義

ピグーは『厚生経済学』において、社会全体における経済的厚生 economic welfare を平等主義 egalitarianism の立場より論じた。そこにおける重要な前提は、第一に個人効用を可測的としたことであり、第二に個人間の効用比較を可能としたことである。最も簡単な場合、諸個人の効用関数が同一であり、また、後にランゲ O. Lange の用いた表現を使うなら、諸個人の社会的重要度 degree of social importance が同一であるとすると、平等分配 equal distribution になるように所得の再分配を行うのが厚生規準に合致したやり方になるわけである。これはベンサムの功利主義思想を忠実になぞるものであり、また経済学の方面に顕著であった平等主義のイデオロギーに沿うものでもある。

この平等主義の立場は旧厚生経済学とよばれ、今では、少なくとも経済学に伝統的な個人主義をつらぬくかぎり、過てるものとみなされている。しかし実際には、各国がなにほどか累進税率を採用している事実からもみられるように、富者から貧者への所得移転という平等主義の要求は根強い傾向であるといってよい。ほかの例でいうと、なんらかの公共支出にたいする負担を論じる場合、その公共施策から利益を得る者がそれを負担せよというい わゆる応益説 willing to pay に対し、それを負担する能力のある者が支払えというい わゆる能力説 ability to pay が依然として人々に訴求する力をもっているのである。つまり、平等主義は、善かれ悪しかれ、近代のイデオロギー体系の一部でありつづけているわけである。

おそらく平等主義の根拠は、異なった人間が深層においては同質化されており、それゆえ、その深層の同質性を表現しようとすると、平等主義的な手立てを必要とする、というところに求められるのである。これは個人主義とは異なる次元の人間観であり社会観である。しかし厚生経済学において起こったのは逆の事態である。つまり、ピグーの平等主義が個人主義的にみて不純であると批判し、個人主義をより徹底させるかたちでいわゆる新厚生経済学がつくられたのである。

効率主義

ロビンズ L. C. Robbins は、個人効用は不可測であり、そして個人間の効用比較も不可能であると主張した。そこから結果されるのは、まず、パレート最適性を厚生規準とみなすやり方である。簡単にいえば、各人への資源配分 allocation を所与として、効率的な資源配分のみを問題とするやり方である。「他者の状態を改悪することなしには、何びとの状態をも改善することのできない」ような限界状態、それがパレート最適の状態である。生産および消費の全域にわたってパレート最適であること、それだけが厚生規準となったわけである。

ところで、市場の競争均衡状態は、自発的交換の終局点であるから、パレート最適性をみたしている。逆に、数あるパレート最適点のうちでいずれを採るかが他の価値判断によって指定されたとすれば、それは、適当な資源再分配をほどこせば、別の市場競争均衡点として達成できる。これが「厚生経済学の基本定理」fundamental theorem of welfare economics というやつである。

バーグソン A. Bergson およびサミュエルソンは、社会的厚生関数 social welfare

function を導入することによって、分配と配分あるいは公正 faieness と効率 efficiency の双方を同時に解こうとした。つまり、諸個人の効用関数を多変数として含むような社会的厚生関数を設定したのである。ここでは、個人効用の可測性は前提されていないし、また各人の社会的重要度は社会的厚生関数の形状に応じて様々でありうるとされている。一見したところ、ともかく、各人にたいする社会的評価が与えられているのであるから、効率的配分のみならず、その評価に従った公正な資源分配を求めることができるのである。またこれは動学的にも展開できるのであって、いわゆる最適成長論 optimal theory of growth におけるように、異時点にわたる社会的厚生関数が与えられれば、動学的な配分および分配問題を解くこともできるわけである。

これは、一見したところ、平等主義から離れているという意味で、個人主義をつらぬいているようにみえる。しかし、いったい誰がその社会的厚生関数を形成するのかという点は不間に付されている。たぶん、政府とか国家という諸個人から超越した主体がそれを形成すると考えるしかないであろう。そうだとすると、個人主義をつらぬこうとした結果、逆に全体主義を招き寄せたということになる。あるいは、あらゆる個人が同一の社会的厚生関数を欲するというきわめて特殊な状況を想定するしかなくなる。

所得や資源の分配あるいは再分配の問題には、多かれ少なかれ、公正の観念がつきまとう。しかもその観念は、慈善や嫉妬のような気まぐれに流れやすい主観とは別次元の、むしろそれに対して義務として従うことを要求されるような、なにほどかの客観性を有するものなのである。公正といい正義といい、それらには、潜在的にせよ、万場一致 unanimity で承認された規準であり、それには服従しなければならぬという趣がある。たとえば、貧者の困窮を嘲笑するような態度をもつ特殊な人間がいたとき、その態度は公正ではないとして排除しうるようなのが公正規準だということである。ここまでくると、社会的なるものとして厚生あるいは公正の規準を個人主義的な見地からつくることができるかという大問題にぶつかるわけである。

契約主義

ロールズ J. Rawls は、『正義の理論』において、ルソー流の社会契約論の現代版を構成しようとした。それは、各人が自他の状態について無知であるといういわゆる始源状態 original state のなかで、いかなる社会的合意が達成されるかを論じるものである。

ロールズは、自由や平等にかんする社会契約の内容を具体的に示してみせた。なかでも、経済問題とのかかわりで重要なのは、「最も恵まれない人々の所得を最大にする限りにおいて、所得格差は許される」という合意であろう。分かりやすくいえば、最低保証の原則である。つまり、始源状態において各人は、自分が社会の最低層に陥る可能性があることを考慮し、そうなった場合の自分を保証することについて、合意をみるというわけである。

始源状態における「無知のヴェイル」veil of ignorance という仮構ははたして説得的であろうか。さらに、そういう無知の状態でも、社会契約を取り結ぶ合理的能力だけは十全に発揚されるという仮構も説得的であろうか。ここで、社会契約論にたいする昔ながらの批判がまたしても頭をもたげる。つまり人間は自然状態ではなく歴史状態のなかにうまれてくるということである。

道徳、宗教、イデオロギー、習俗その他の歴史的・社会的・文化的な性格を担ってしか人間は生きられない。正義も公正もそうした歴史的条件のなかで論じらるべきだという反論である。

おそらく、社会的存在としての諸人が根底において共通の価値を有しており、その潜在的な共有価値にこそ、公正や正義の根拠があるのではないだろうか。それがあくまで潜在的なものである以上、共有価値を顕在的に具体化しようとすると、諸個人の判断に差異が生じざるをえない。その意味では、公正・正義の規準を具体的に確立するのは困難であろう。しかし、各人が社会的価値を潜在的に共有している限りにおいて、その顕在的な差異はあまり大きく発散しないだろうと期待される。というより、人々が半ば無意識のうちに社会的価値を共有しているのだということを確認させるような政治的あるいは知的な活動が活発であればあるほど、人々の判断も収斂しやすいと考えられる。

つまり、公正・正義といった厚生規準は、まずもって歴史的にして社会学的な問題としてとらえられるべきなのであろう。それを個人的問題として設定すると、始源状態というような、まったく非現実の状況を仮想しなければ、社会契約の成立を説明できないのである。むろん、契約論をとるか歴史論をとるかという二者択一は過てるものであろう。公正・正義の厚生規準に対しては両方の面から接近しなければならないのであろう。ただ、経済学の議論が契約論の方向に過度に傾斜していることは事実である。

◉第二十二章

公共経済学

前章で述べた厚生経済学は、所得をはじめとする資源の分配がいかにあるべきかをめぐる規範論であった。これに対し、公共経済学 public economy とは、いわゆる市場の失敗 market failure にいかに対処するかという実証論に属する。つまり、市場機構の実際のはたらきにより接近した次元で、市場の欠陥を明らかにし、それにたいする処置を論じるのである。とはいっても、市場の失敗を「いかに」是正するかとなると、規範的な分析は不可欠である。ただ、その規範性の規準がおおむね効率性の次元にとどまって、公正の次元にまでは深入りしないのである。また市場の失敗のうちには、実は、所得の公正分配に失敗するということも数え上げられるのが普通である。しかしここでは、分配問題は厚生経済学によってすでに片づけられたものとして議論をすすめることにする。

市場の失敗

公正分配の次に挙げられるべき市場の失敗は、市場機構の作動因である価格がうまく機能しない場合である。これについては、ケインズ経済学にふれて論じたことであるが、要するに、独占 monopoly あるいは寡占 oligopoly の影響力が及ぶところでは価格の硬直性がみられるということである。これにたいする公共的施策としては、独占禁止法が代表的なものである。しかし、価格の完全伸縮性という競争条件それ自体が高度の理論的虚構なのであってみれば、この種の市場の失敗はしょせん程度の問題だということになる。またそれにたいする処方箋としても、競争性を高めて、市場機構をより効率的にするという比較的単純なものに終わるのである。

市場の失敗にかんする根本的な問題は、価格硬直性のような市場内部での部分的機能障害ではなく、市場機構の成立根拠そのものにかかわる事柄である。公共経済学が必要とされるのも、主にこのようなかたちの市場の失敗が生じたときなのである。第一に、規模にかんする収穫逓増 increasing return to scale がある場合である。市場の効率性を維持するには、一般に、限界費用と価格とが等しくなければならない。しかし、生産規模が大きければ大きいほど平均費用も限界費用も小さくなるという状況にあってこの限界原理を適用すると、企業に損失がうまれる。逆にいうと、この損失を補損するような公共政策が、たとえば補助金の給付というようなことが行われなければ、限界原理をつらぬきえない。一般に公共企業といわれているものの多くはこうした配慮によって運営されているのである。

第二に、不確実性がある場合である。通常の資源配分問題は完全情報という虚構のうえに分析されている。しかし情報の不完全性こそが現実である。この場合にも、将来に起こりうる様々な状態の確率がそれぞれ与えられているならば、物理的には同一の商品であっても状態が異なれば別の商品とみなすといういわゆる条件付財contingent commoditiesを考えることによって、効率的な配分を構想することができる。しかし、このように多数の市場を設立する費用、そしてそれらの市場において活動するための取引費用は莫大なものになろう。そのうちには、将来の状態についての確率を知ることが至難であることも含まれる。のみならず、ある状態が生起したとき、それが真に確率事象として生じたのか、それとも故意によって生じたのかを識別するのも難しい。保険問題でいうところの道徳的危機moral hazardというやつである。というわけで、条件付財の市場を一般化するのはおよそ非現実といわなければならない。情報の不完全は公共当局そのものにも及ぶものであるから、それにたいする公共政策を体系化するのもまた困難である。ただし、情報が次に述べるような意味で公共財の性質をもっているために、情報の集積、分析、普及などの面で公共当局が介入する余地が少なくなく、その介入によって不確実性の減少をはかることも可能になる。実際、公共当局はそうした方向における介入をますます強化する傾向にあるといえよう。

第三に、外部性 externality の問題がある。外部性とは、市場を経由しないような効果が複数の経済主体のあいだにはたらくことである。この効果のために、私的便益と社会的便益、あるいは私的費用と社会的費用がそれぞれ乖離する。税金や補助金などの公共政策によってそれらの乖離がうめられなければ効率性が実現されないわけである。

第四に、この外部性の特殊な場合として、公共財 public goods の問題がある。公共財とは共同消費 joint consumption が可能な財のことである。国防がその典型であるし、道路や公園などの公共施設もそうである。厳密にいえば、公共財といわれているものの多くについて、他者の財使用を排除 exclusion することは技術的には可能であり、したがって私的消費財にすることもできないわけではない。しかしその排除費用が高ければ、共同消費するほかないわけである。しかし、たとえばクラブ財 club goods とよばれているもののように、クラブの会員にのみ共同消費を許すような場合もある。いずれにせよ、公共財においては、その供給量の決定と負担の決定とにおいて公共当局が介入しなければならないことが多い。そこで、共同消費者が個々の需要と支払意欲とをはたして正確に報告するかどうかという難問がうまれるわけである。

公共的諸問題

抽象的には以上のような諸要因が介在することによって、市場の失敗が生じる。しかしそのことだけならば、市場理論の部分的補正ということであり、わざわざ公共経済学なる分野がつくられる必要もないといえよう。一九六〇年代の末から公共経済学のことが取り沙汰されるようになったのは、現実に市場の失敗が深刻化した、あるいは深刻化したという認識が広まったからである。つまり、公害 public nuisance もしくは環境破壊 environmental disruption が顕在化し、それにつれて社会資本 social capital の未整備が指摘され、さらには都市における混雑問題 congestion problem や農村における過疎問題 underpopulation problem も看過できないような状況になりつつあった。より細かくいえば、交通問題 transport problem、教育問題 educational problem、医療問題 medical problem あるいは社会保障問題 social security problem などの解決が迫られはじめた。そして、こうした諸問題のすべてが多かれ少なかれ市場の失敗と関連しているのである。

これらの問題に深入りする余裕はないが、一つ確認できるのは、マスグレイブいうところの社会的欲求 social want に議論が集中していることであり、市場の失敗にかんする理論そのものが社会的欲求に限定されているのである。社会的欲求というのは、本来は私的欲求 private want なのであるが、それを市場で処理できず、なんらか非市場的な対策を必要とするような財にたいする欲求のことである。

しかしマスグレイブ自身はいわゆる価値欲求 merit want の存在を認めていた。価値欲求とは、マスグレイブによると、政府が、諸個人の欲求とは別次元で、価値ありと判断するものであり、その典型は義務教育である。しかし彼は、個人主義に立脚する以上、価値欲求の発生を論理的に説明することができず、いわゆる恩情的干渉主義 paternalism を個人主義に強引に接ぎ木するかたちで、価値欲求を提出するほかなかったのである。だが、パターナリズムはそれに依拠するにはあまりにも不安定な台座にすぎない。たとえば、パターナリズムの名においてなされる政府の余計な干渉をいかに阻止するかというような問題にすぐ直面してしまうのである。

私的欲求の特殊形態として社会的欲求をとらえるやり方は、前章でもふれたように、能力説ではなく応益説をとることである。つまり、個々人の受ける個別利益を勘案する方向で公共的諸問題に対処しようとするのである。それは、思想としては、応益原則のつらぬかれる市場原理を拡張せよということにすぎない。実際、経済学者の多くは市場の部分的補正や擬似市場の形成で公共的諸問題に立ち向かおうとしてきたのである。

しかし、私的欲求を個人主義的にのみ理解するわけにはいかない。つまり、個人の欲求は潜在的な社会的価値に支えられているのであり、その社会的価値が個人を根底において社会化しているのである。価値欲求とはこの社会的価値にまつわるものにほかならないであろう。諸個人は、潜在的にせよ、社会がどうあるべきかについての判断を有しており、しかもそれらの判断は社会的価値として諸個人のあいだに共有されているものである。この共有の社会的価値を具体的に示すのが価値欲求だと考えられる。またそう考えたときに、価値欲求の実現については、それが諸個人の私的欲求ではなく社会的価値に根差すものであるために、応益説ではなく、能力説によって説明さるべき部分が多々あることになる。

社会的価値の一つのあり方として、社会全体のコミュニケーション体系を安定化させる、という共有規範が潜在的に成立しているとしよう。ここでコミュニケーション体系というのは人々の相互依存を律する制度のことである。人々の相互依存関係が安定するためには、たとえば、各人がなにほどかの所得、健康、教育、環境、交通手段などを保証されていることが必要になろう。その必要については、それが社会的必要であるために、ある程度、能力に応じて支払うことも可能になろう。つまり、いままで議論されてきた公共的諸問題はこうした社会的価値の角度から再検討されなければならないと思われる。もしそうするなら、いわゆるシビル・ミニマムの主張に近い最低保証という解決策がでてくるであろう。しかし、シビル・ミニマムはどちらかといえばヒューマニズムの思想に発するものである。それに対し、社会的価値としてのコミュニケーション体系の安定は、諸個人の欲求の基礎にある社会性に立脚しようとする。まとめていえば、公共性 publicness の根拠を個人主義的に理解するか、それとも個人のうちにうめこまれている社会性のうちに探るか、ということである。公共経済学は自らの本質を理解するうえでまさに転換点に立っているといえよう。

◉第二十三章

民主主義の経済思想

民主主義 democracy とはデモス（民衆）のクラトス（力）ということである。経済学が自由交換を是とする場合、その自由によって民衆の力を発揚させようとするわけであるから、基本的には民主主義を奉じているといってよい。しかし一口に自由といっても、自由が所与の法に服さなければならないという点を強調する古典的自由主義と、法の解釈・改正をも民衆の力によって自由に左右してよいと構える現代的自由主義とのあいだには隔たりがある。その自由観における違いは同時に平等観についての違いでもある。両者とも平等を大事とするわけであるが、古典的自由主義は機会の平等 equal opportunity を重んじ、現代的自由主義は結果の平等 equal result までをも要求するのである。ここでいう民主主義とは現代的自由の観念に裏づけられた平等主義的なイデオロギーのことを指す。

このイデオロギーが政治制度の面で機能するときには、多数決の方式 majority decision を採用する。経済問題とのかかわりでいうと、市場の自由交換では解決することの叶わぬ公共的諸問題が発生したとき、その最終的な決着は政治の場における多数決に委ねられるのである。

多数決の問題

すでに述べたように、公共サーヴィスの需給については、各人が自己の受益と支払意欲とを正直に申告するなら、たとえばリンダール E. R. Lindahl が示したように、効率的な資源配分を行うことができる。しかし、共同消費が可能であり、費用負担をせぬものを排除できないのが公共財であるから、ただのり free ride が発生しうる。ただのりとは、本当は公共サーヴィスを需要しているのに、それを隠すことによって負担を免れ、結果として、他者の負担によって供給された公共サーヴィスを消費することである。

ただのりを避けるために、公共的諸問題の決定は政治の場に持ち越される。しかしそこでも、民主主義的政治が世論の動向に従うものであるかぎり、世論が公共財について真実の水準を下回る虚偽の需要を報告するならば、公共財の過小供給が生じてしまう。とくに現代社会のように大規模集団の営みとなると、報告の虚偽性を見破るのは不可能である。小集団ならば、ある個人のただのりは周囲から非難をあびるし、自分の負担回避が公共財供給に無視しえぬ損害を与えると自覚することもできるのである。

反対に、公共財供給が過大になる危険もある。政党 political party が選挙民の支持をとりつけるために、つまり得票を増やすべく、選挙民の負担を過小にしつつ、公共サーヴィスの供給を過大にするわけである。分かりやすい例でいうと、減税と公共支出増とを提案するやり方である。ブキャナン J. M. Buchanan などが指摘しているように、民主主義社会においては赤字財政が定着してしまう傾向がみられるのである。赤字公債による公共サーヴィスの享受は、現在の世代が将来の世代の負担にただのりする方法だともいえよう。

ダウンズ A. Downs が『民主主義の経済理論』で示したように、政党の目標は自己の得票数を極大化することに集中しがちである。そのための最も簡単な手段は社会の多数派の意見に、たとえそれが彼らのエゴイズムだと分かっていても、迎合することである。そこで帰結されるのは少数派を抑圧し、彼らに犠牲を強いることである。投票制度と市場制度の根本的な違いはこの点にある。市場制度にあっては交換の自発性が保証されている。それに対し投票制度は強制力を行使するのである。

抑圧された少数派は、極端な場合には非合法のかたちで、多数派に抵抗する。それによって惹き起こされる葛藤は明らかに政治に課される費用である。その費用を減らすには、少数派と多数派のあいだに自発的な合意 consensus を形成しなければならない。しかし、合意もまた費用なしに得られるわけではない。合意が討論・説得というかたちでなされるにせよ、補償・買収というかたちをとるにせよ、時間や資源を要するのが合意形成というものである。ブキャナンやタロック G. Tullock が説明してみせたように、合意達成から得られる便益と合意形成に要される費用との差が最大になるところで、合意の程度が定まるわけである。

これはやむをえざる処置であるとしかいいようがないが、しかし、多数決制にもとづく民主主義がそれ自体として素晴らしいものとはいえないことは確認しておいた方がよい。社会の多数派が結果の平等を求めれば悪しき平等主義が広まるであろうし、彼らがエゴイズムに走れば少数派にたいする抑圧がうまれる。同じことは少数派についてもいえて、実際の民主主義は少数派のいわゆる〝ゴネ得〟をなにほどか許容する仕組みになっているわけである。

社会的選択の問題

民主主義の社会にあって、自由と両立するようなかたちで、諸個人の選好を民主的に集計して社会的選好を決定することができるかどうか、これがアローによってはじめられた社会的選択 social choice の理論である。この方面の議論は抽象水準がきわめて高いので、詳しい説明を割愛せざるをえないが、いくつか重要な論点だけを指摘しておこう。

第一に、多数決制についていうと、各人の選好のあいだになにほどかの同質性がない場合には社会的意志の集計に矛盾が生じる可能性があるということである。つまり、多数決の結果として、状態Aが状態Bより選好され、状態Bが状態Cより選好されているのに、状態Cが状態Aより選好されるという、いわゆる投票の逆理 paradox of voting が生じるかもしれないのである。

第二に、ある個人の権利を不可侵として認めるとすると、全員一致のある選好を認めないような社会的選択が行われるかもしれない、そして逆もいえる、ということである。これは自由の逆理 liberal paradox とよばれている。

第三に、アローが当初に問題にしたところであるが、ごく一般的な自由・民主の制度の下では、諸個人の選好を社会的に集計することは不可能だということである。これがいわゆる一般可能性定理 general possibility theorem と、実質においては不可能性定理と、よばれるものである。

ともかく、自由主義および民主主義を満たしつつ、社会的選好をつくりあげるに当たって、論理的な困難がたくさん存在することは疑いようがない。かいつまんでいえば、てんでばらばらな人間が寄り集まって社会全体の目標を決めるのは難しいということである。これに加えて、第二十一章ですでに言及したように、社会的厚生関数それ自体に難点があるし、公正規準をめぐって社会契約をつくることにおける困難もある。いずれにしても、民主主義社会は、その根底において、弱い社会的連結力しかもっていないのである。

しかし、これまで経済学はいくつかの技術的政策案を提示して、その選択は民主政治に委ねるという態度をとりつづけてきた。それは、民主政治にたいする強い信頼感にもとづく態度なのであった。経済学という科学的説明の体系が技術学として社会から中立でありうると考えられてきたのもそのせいである。しかし、民主政治が、底抜けとはいわぬまでも、様々に重大な欠陥をもつものであることが明瞭になったいま、経済学ははたして中立的技術学にとどまっておれるであろうか。極端な物言いをあえてすると、悪しき多数派が悪しき世論や悪しき圧力団体を形成しているとすれば、それらに政策的処方を提示することの意味が問われて当然ではないだろうか。

より広くいえば、社会全体の目標が存在すること、あるいは存在しうることについて経済学はたいして疑いの念をさしはさまなかった。しかもその目標が、経済学の論理を支える個人主義および合理主義と同じ土俵において形成されるだろうと見込んでいたのである。アローたちの社会的選択の理論そしてブキャナンたちの民主主義の経済理論は、個人主義の内部から、社会的目標の形成にまつわる様々な弱点を抉りだしたのであった。

問題なのは、経済学が提案してきた政策処方のうちにはこうした歴史的枠組みをむしろ不安定化させるものが少なくないということである。とくに産業主義のイデオロギーが快楽主義の心理を醸成し、そして民主主義のイデオロギーが平等主義の行動を強化する状況のなかで、技術学としての経済学はそれらの心理や行動を正当化する役割を果たしてきたのでもあった。民主主義を捨てるなどというのは愚かであるが、それを疑うことをしないのも愚かであろう。それを疑うとき、経済学は自らの基盤である合理的個人の想定をも疑ってかからなければならない。しかしこれまでのところ、民主主義への懐疑はたかだか市場的自由主義への復帰を主張する方向でなされているにすぎないのである。

◉第二十四章

自由主義の経済思想（1）

自由主義とは必ずしも統一された思想ではなかった。それは、大きく分けて、経験や伝統や慣習の基礎のうえに成り立つような自由を考えるイギリス型のものと、理性や科学を駆使するような自由を考えるヨーロッパ大陸型のものとの二種類があるといえよう。経済学は主に前者の自由思想の養分を吸収して育ってきたといえる。しかし、イギリスにおいても時代がすすむにつれて自由思想の変質がみられたのであり、それにつれて経済学もまた経験・伝統・慣習から遊離した類の自由思想に次第に傾くようになった。そして現在、両種の自由思想のあいだで広範かつ深刻な角逐が行われているのである。

功利主義者の自由

快楽主義の心理学にもとづきつつ、最大多数の最大幸福へ向けて、主に法制改革を唱えたのがベンサムであった。ベンサムによって体系化された功利主義は、一八二〇年代から三〇年代にかけて、哲学的急進派の思想・実践運動となって結実した。そこにはすでに理性による改革を自由の根本とみなす考えが表明されているのみならず、多数者の自由を最大限に重んじる民主主義的な路線が打ち出されてもいた。最後の功利主義者とよばれたミルは、トックヴィルの影響をうけつつ、多数者の専制にたいする警戒を抱くようになった。しかしそのミルも、社会主義思想の台頭に影響されて、国家の干渉をむしろ積極的に支持する態度をとるに至った。功利主義が総体としてもたらしたものは、国家の介入による理性的な改革に途を開いたことだといえよう。「国家的束縛からの自由」が自由の元来の方向であったのだが、功利主義者は「理性的理想への自由」を唱えたわけである。つまり消極的自由から積極的自由への転換である。

積極的自由の考えを積極的に展開したのはグリーン T. H. Green であった。彼は、市民の人格的あるいは道徳的能力の発展のために、国家が介入して様々な条件整備を行うべきだと主張した。そこにみられるのは、個人については理想主義、国家については理性主義の枠組みをそれぞれ与えるということである。そして、この理想をめざす理性的改革が実際に志向したのは結果の平等の実現ということであった。フェビアン協会 Fabian Society はまさにそういう改革を促進するための機関なのであった。その方向を単線的に追求するならば、その果てに社会主義的あるいは集産主義的な仕組みが待ちかまえていることは明白である。事実、グリーン的な自由は様々な社会政策の提唱というかたちで押しすすめられたのであった。もちろん、事態はそう単線的にはすすまなかったし、積極的自由もそう単純なかたちにおいて主張されたわけでもない。資本主義と社会主義のあいだ、あるいは個人主義と全体主義のあいだの中間形態もしくは混合形態が求められたのである。

福祉主義者の自由

現代の福祉国家 welfare state こそはこういう薄められた功利主義を如実に体現している。福祉国家への途は、近代社会の成立期における救貧法 Poor Law や工場法 Factory Act のうちにすでに芽生えていたわけで、それが近代の大道となりはじめたのは労働運動の進展とそれに伴う平等化要求の昂揚によってである。社会福祉 social welfare 、それが誰しも反対することのできない社会的目標になったのである。一九四二年に発表されたいわゆるベヴァリッジ W. H. Beveridge 報告は、社会保障 social security の充実と完全雇用 full employment の達成とを掲げて、現代が福祉国家の完成へ向けて歩むべきことを宣言したものにほかならない。ケインズ自身はベヴァリッジ案に多かれ少なかれ懐疑的であったものの、ケインズ経済学は福祉国家実現という目的のための強力な手段とみなされたことは確かである。

福祉国家の登場という事態は、自由から平等への価値転換だとみることができる。グリーン流の積極的自由の思想にあっては、個人の人格的発展への自由という理想主義が鮮明であったし、また国家の理性的計画にしてもたとえば旧習の打破というような理想が掲げられていた。つまり福祉の向上が理想であった段階では、その理想へ向けての自由の発揮という能動性が際立っていた。しかし福祉国家が実現して、福祉の普及や増進が日常の平凡な現実となってしまうと、理想への能動性は希釈され、むしろ福祉をめぐる経済的・社会的機構へ受動的に巻き込まれていくという傾向が強くなる。

機会平等の下における自由、それは、当然のことながら、結果の不平等を承認する。法の下における自由、それは、当然のことながら、法の制裁というかたちでの責任を引き受けるものである。理想へ向けての自由、それは、当然のことながら、精神や行為における能動性を必要とする。そうした類の自由が、福祉国家の歯車が回るなかで、かみ砕かれているのである。自由に代わって登場したのが、結果平等の要求であり、責任を回避する放縦の態度であり、理想を喪失して現実へ埋没することである。少なくとも、福祉国家がそういう傾向をますます強めているのは確かな事実だといえよう。

福祉国家は、一九七〇年代あたりから、様々な矛盾を露呈しつつある。赤字財政の定着、勤労意欲および貯蓄意欲の減退、「豊かな社会の病理」と総称される様々な精神的退廃の進行などが次第に顕著になりつつある。のみならず、世界規模での不況が長期化するなかで、福祉国家の維持そのものが技術的に困難になっている。

新自由主義者の自由

古典的な自由主義が自由放任を唱えたのは不幸な結末を招いた。つまり、いかなる秩序の制約にも服さない自由という観念を膨らましたのである。ハイエクを代表者とする新自由主義 neo-liberalism の思想は、自由放任を否定して、法の下における自由を主張する。また古典的な自由主義がスミスのいう自然的自由を唱えたのも不幸な結果をもたらした。つまり、自然を強調するあまり、歴史というものにたいする配慮がないがしろにされたのである。新自由主義は法が歴史のなかで時間をかけて形成されるものであることを強調する。

普通法 common law あるいは慣習法 custom law が新自由主義者が従おうとする法である。ということは、為政者なり世論などが合理的改革の名の下に策定しようとする法律には信を置かないということを意味する。なぜなら、そうした制定法は個別集団の利害計算によって動かされがちのものであり、また制定に当たっての合理的計算というものも長期的には過てるものであることが起こりうるからである。

新自由主義者の解釈によれば、市場機構こそは、人々が自己および自己の周辺にかんする限定された情報を用いて自由に行為する場であり、それらの行為が社会的に調整されて、個々人が意図することのなかったよりよき成果を社会全体に及ぼすのである。それは人類の最大の発明品というべきものだというわけだ。市場機構は慣習法にもとづく自由交換の結果として、社会に漸進的な進歩をもたらす。それは、理性的人為によって社会を設計するのではなく、経験的知恵の自生的な蓄積によって社会を歴史的に構成するのである。

こうした理解はたしかに堅実な自由主義だといえる。功利主義もその現代版としての福祉主義も新自由主義によって真っ向から批判される。というのも、新自由主義は結果の平等ではなく機会の平等だけを認めるからであり、また積極的自由は諸個人の自発性にのみ委ねらるべきで国家の介入までをも正当化するものではないと考えるからである。そこには、人間の理性的能力は知識人、科学者および技術者に占有されるものではなく、社会の全領域に分有された知識の諸断片が、市場機構およびそれに類した自発的交換の場で相互調整されることにより、自生的かつ有機的に成長していくものだという見方がある。

しかし、あまりにも急速に変化する市場経済にあっては、法および慣習そのものが解体させられ、その結果、人々の分有する知識や知恵がきわめて片寄ったものになってしまう危険がある。新自由主義者には、集産主義に反対するのあまり、この危険を軽視する傾きが濃厚である。市場経済が伝統や慣習とのつながりを断たれるとき、それは人々のうちに矮小な貨幣的心性を発達させたり、変化から生じる皮相な刺激にのみ反応する態度を促進したりする。おそらく、新自由主義者の立論が妥当するのは、市場経済のもたらす変化が漸進的なものである場合に限られるであろう。新自由主義は市場機構にもとづく社会進歩を無条件に信奉しているのであるが、彼らの進歩主義を疑って然るべき証拠が多々挙がっているのが現代なのである。

第二十五章

自由主義の経済思想(2)

一九九〇年代から今世紀初頭にかけて猛威をふるっているのは自由主義経済の思想がある。それは、世間ではネオリベラリズム(新自由主義)と名づけられている。しかし、ハイエクらのそれを新自由主義と呼んだからには、正しくはネオネオリベラリズム(新々自由主義)と命名さるべきであろう。

市場原理主義

新々自由主義の俗名は市場原理主義 market fundamentalism である。この場合の原理とは、市場が(社会的慣習や政治的制度によって)安定化させられているか否かを問わずに、すべての経済取引を自由放任 laissez-faire の形で市場の自由交換に委ねるのが正しい、とする考え方である。それがいわゆる小さな政府 small government の主張に立って、政府による規制 regulation を極力排そうとするのはいうまでもない。

新々自由主義が古典的自由主義（の自由放任）と異なるのはどこか。本質的には両者は同工異曲にすぎないともいえるが、あえていえば、一つに、FT（ファイナンシャル・テクノロジー、金融技術）の高度化を踏まえて、主として（株主という企業所有者のための株価最大化の方向での）証券資本主義の分野における自由放任が唱えられたこと、二つに、IT（インフォメーション・テクノロジー、情報技術）一般の発達を背景において、経済主体の合理が最大限に吹聴されたこと、三つに、革新 innovation つまりシュムペーターのいった創造的破壊 creative distruction の活力が市場競争強化によってひたすら向上すると信じられたこと、四つに、競争の場が国際市場へと大きく拡大させられたことであろう。

しかし市場原理主義は、市場競争が資本主義的であることについての（換言すると資本利潤や資本蓄積の最大化という動機と様式によって推し進められていることについての）考察を欠いている。資本主義は、資本が物質的・技術的な富の過去からの蓄積物であるから当然のこととして、未来にかんしては長期展望の下に投資 investment を行う、という形で展開される。資本主義的な市場競争によって未来の物質的可能性が合理的に切り拓かれる、という進歩主義への信仰に新々自由主義は立脚している。しかしこの信仰は、二十一世紀の世界資本主義が恐慌 pannic めいた大不況 great depression を呈していることなどを通じて、大きく揺らぎつつあるのである。

未来予測

未来の出来事は、大まかに予想 anticipate されることはできても、厳密に予測 predict されるわけではない。そうであればこそ、資本主義的な市場には、証券市場を先頭にして、市場参加者たちの心理行動におけるバブル（熱狂の泡立ち）とそのバースト（熱狂の破裂）にしばしば見舞われるのだ。いわんや、立て続く変革 change の嵐によって、人々のあいだに（ケインズがすでに見通していた）未来にかんする確信の危機 crisis of confidence が広がる。慣習の崩壊によって惹き起こされる確信の危機、そういう心理状態に資本家や経営者そして消費者や勤労者がとらわれているときに、なにほどか厳密な「形式と数量」によって裏づけられているものとしての予測の作業が首尾よく進むわけがない。

その点では、第二十章で述べた合理的期待形成という仮説が新々自由主義あるいは市場原理主義という過激な合理主義（という誤謬）を招いたのだといえよう。未来という名の時間の外部《エクス》の全貌を合理的に見る《スペク》ことができるとするのが合理的な期待 expectation の考え方である。これは、事実によって反証されている。さらに人間の知性と徳性の両面における不完全性 imperfection や可謬性 fallibility（間違いを犯す可能性）を正面から見据えないのは、進歩主義の誤謬を相も変わらず繰り返すことである。

予測困難な未来へ向けて企業家精神 venture spirit の姿勢で突入するのが人間だとはいうものの、それが過剰に及べば単なる「向こう見ずの精神」である。新々自由主義、それは向こう見ずの冒険を称揚する文化的小児病 puerilism の一種だ、と断じてさしつかえない。

市場の不安

インフレーション（価格上昇の持続）やデフレーション（価格下落の持続）は市場につきものではある。しかし、それらの価格変化が甚だしく予測不能だという意味での価格不安定性が市場を覆うとき、市場の成立そのものが脅かされる。人々が市場に参加するのは、未来の価格が上がってこの程度（あるいは下がってこの程度）、と見込んでのことである。市場競争がかならず競争活力を刺激するわけではない。市場価格が過度に不安定になるとき、人々は、未来展望があまりにも不確かなので競争場裡から脱落する、ということも起こる。価格が変化するのは市場の常態である、などといってすましてはおれない。むしろ、価格安定が市場成立の条件だ、というべきなのである。

このことに関連して、ハイエクらの新自由主義によって強調された「機会の平等」論を新々自由主義がいっそう膨らませているのも批判さるべきである。一つに、市場競争に参加するには、それまでの競争の結果から得られたものとして「財産と能力」を、一定程度において身につけていなければならない。逆にいうと、過去の競争が(過剰なディファレンスつまり格差としての)デスクリミネーション(つまり差別)をもたらすようなものであったなら、国家経済は(外国への開放という意味で)自由化されるほかない。

保護と自由のあいだの平衡点、その具体的な在り様はあくまで状況的 situational である。平衡の基準は各国の歴史的経験によって示唆されはするものの、その具体的な姿は具体的な状況において、言い換えれば「時と所と場合」において、実践的に探求される以外にない。経済は、国家経済として生きているのだ。その経済の生 life は、これまでの経済学のような技術知 technical knowledge によって定まるのではなく、歴史的な考察を踏まえた上での、状況のなかでの、実践知 practical knowledge によって繰り広げられるのである。

◉第二十六章

国家の経済思想（1）

福祉国家あるいは混合経済というかたちで、市場にたいする国家的介入がすすんでいることについてはすでに述べた。しかし、これらの介入はいわば穏健な介入主義にすぎないのであって、二十世紀では、より過激な介入主義の社会的実験が繰り返されたのである。

計画主義

十八世紀末、ゴドウィン W. Godwin が無政府主義 anarchism を唱えて以来、一切の権力的な秩序を排せよという思想が十九世紀を通じ今世紀の前半にまで無視しえぬ力を発揮した。しかし、マルクスによってはじめられた科学的社会主義の思想は、この無政府主義との確執を通じて、政府統制主義 statism へと接近した。そして、マルクス派の批判する無政府主義のうちには、「生産の無政府性」を旨とする市場経済も含まれていたのである。結局、マルクス主義は経済の方面においては国有化にもとづく計画経済を、政治の方面においては共産党の一党独裁にもとづく官僚体制を志向するに至った。つまり全体主義 totalitarianism への途である。ソ連およびその主導の下に成立した社会主義圏が、国によって程度の差があるとはいえ、全体主義的な国家を形成していたことは疑いようのない事実である。このいわゆるスターリニズムに加えて、一九二〇年代の経済的および政治的な危機のなかで、ファッシズムやナチズムのような民族主義と結びついた全体主義が猛成を振るったことも記憶に新しいところである。

経済思想として問題にされなければならないのは、こうした全体主義の流れと呼応するようにして、計画理論 planning theory の発達がみられたということである。ここで計画というのは、国家規模での計画のことであって、個別主体の計画や個別の公共政策のための計画のことではない。バローネ E. Barone によってはじめられた社会主義的計画の可能性にかんする議論は、ランゲなどの貢献を経て、現在のいわゆる市場的社会主義の経済理論へと発展してきている。

議論の要点は、理想的な形における市場均衡の状態と合理的に計算される社会主義的計画の最適解とが同等であるか否かというところにある。ミーゼス L. E. von Mises は、資本の国有化の下にあっては、資本財市場の欠落のために、たとえば時間選好率もしくは利子率のような、資本財の価値評価にかんする指標を得ることができないという点を批判した。しかしこの点だけについてならば、資本主義における時間選好なるものも、現在世代のそれに限られるという欠陥を有する。将来世代のことも考慮して国家が時間選好率を定めるというやり方にもそれなりの言い分が残るのである。

計画理論にたいするより重要な批判はハイエクによってなされた。彼は経済情報を集権化 centralization することの非効率を衝いたのである。市場経済の最大の長所は、個別主体がそれぞれに固有の情報にもとづいて行動することによって、市場取引のなかで意図せざるかたちの効率的な情報交換が行われるという点にある。集権的な計画はそのメリットを著しく喪失するというのである。

ハイエクのこの批判を受けて、それ以後の計画理論は多かれ少なかれ分権化 decentralization の要素を取り入れたものになった。たとえばランゲは、中央計画当局が価格を指令し、それに応じて各企業は生産計画を提出し、そこで当局は経済全体の需給のアンバランスを考慮して指令価格を改訂するという方法を提案したのである。だが、社会主義圏における実地の経験が教えてくれるところによると、計画における情報効率は資本主義のそれに遠く及ばないというべきであろう。

情報の問題のほかに、社会主義的な計画経済にはもう一つの重大な欠陥がある。それは、私有財産 private property の存在を基本的に否定することの結果として、経済活動における誘因 incentive が微弱になることである。資本主義にあっては、少なくともそれが競争的なものである限り、私益を誘因とする各主体の行為が結果として公益を高めることになる。社会主義にあっては、私益という誘因が弱い、というより抑圧されるために、勤労や貯蓄や経営において非効率が発生してしまうわけである。各人が全体のためのことを思って行為するという道徳的誘因 moral philosophy も考えられないわけではないが、これまた経験の示すところ、道徳的誘因の及ぶ範囲と持続力はかなり限定されている。それどころか、社会主義の計画経済によって強化される官僚体制においては、私益もまた官僚主義的に歪曲され、より高位の官僚がより多大な私益を確保するように努め、そのために経済の合理性すらが損なわれがちなのである。それがソヴィエト連邦および東欧諸国における社会主義の大崩壊を帰結したわけだ。

しかし資本主義にあっても「市場の失敗」が進むと、私益追求だけでは効率を実現できない。国家による計画的介入が要請され、混合体制ができあがることになる。社会主義にあっては分権化が導入され、資本主義にあっては集権化が促進される、それが確かに二〇世紀の傾向だったといえよう。しかし資本主義と社会主義の両体制が、たとえばガルブレイス J. K. Galbraith のいうように、収斂したかといえば、必ずしもそうはいえないであろう。社会体制の総体は経済機構によってのみ定まるのではない。逆に、価値やイデオロギーや習慣や政体が経済のあり方に重要な影響を与えるのである。現代の中国にしても、「改革開放」それ自体は資本主義への接近ではある。しかし、その成果の分配と長期的方向の決定においては、独裁政権たる中国共産党の意志が強くはたらいているのである。

参加主義

両体制の接近をもたらした要因としては、経済効率を高めるという要因のほかに、民主主義的要求の普及という要因もある。つまり、社会的あるいは集団的な意志決定の場に公衆が積極的に参加 participation を行うということである。具体的には、企業における労働者の経営参加や地域における消費者の住民運動が重要である。これらの参加運動がめざすのは、代議制的な間接民主主義ではなく、公衆の参加による直接民主主義である。もちろん、大規模集団における意志決定はなにほどか間接的たらざるをえない。しかし意志決定からの疎外、それを克服することに主眼を置くという意味で、参加の思想は直接民主主義の方向にあるといえよう。

東欧諸国には、ユーゴスラヴィアを代表として、スターリニズムを乗り越えるためいわゆる労働者自主管理にすすもうとする動きがあった。官僚が労働者に命令を下すという上からの企業経営ではなく、労働者が下から経営に参加するというやり方である。

経営参加における最大の難点は企業の新規設立についてである。それの決定権までをも国家が放棄するならば、つまり資本の所有を公衆に許すならば、それはもう社会主義とはいえないであろう。社会主義でなくていっこうに構わないわけであるが、社会主義的官僚が自己の存立根拠をそう簡単に労働者に譲り渡すとは考えられないのである。

さらに、自主管理一般につきまとう非効率の可能性も見過ごしにできない。管理というものは、好むと好まざるとにかかわらず、命令–服従の関係を必要とする。直接民主主義の思想はこの関係を否定しようとする点で非現実的である。命令の過剰も管理に硬直をもたらすが、その過小も管理に混乱をもたらす。どんな集団的意志決定も官僚制と自主性の双方を必要とするはずである。

これと本質的に同様なことが、西欧諸国に広まっていた経営参加についてもいえるであろう。ガルブレイスが指摘したように、労働組合 labor union は資本家および経営者の権力にたいする拮抗力となりうる。そこで生じてくるのは、企業の運営・管理について経営体と労働組合とが対等の立場で団体交渉 collective bargaining を行うという方式である。これがいわゆる産業民主化の今日的形態とされているのである。

だが、この民主化が意志決定の遅滞や決定内容の非合理性をもたらす可能性は容易にみてとることができる。たとえば、管理や技術の合理化にたいする労働組合の抵抗が、少なくとも経済計算のうえでの損失をもたらすかもしれないのである。

のみならず、広範に観察されるところによれば、労働者の経営参加の意欲は必ずしも常に高いとはいえない。経営参加は、それ自体として、労多き仕事でありうるからである。同じことが消費者の住民運動についても妥当するであろう。参加運動は、通常にいわれているほどには、自主的でも主体的でもない。人々は連帯とともに孤立をも欲するのであり、意志決定への参加だけではなく、それからの離脱をも望むのである。

こうした事柄のすべては、国家の介入一般についてもあてはまる。というより国家そのものが、人々の活動を保証する枠組みや方向性を与えてくれるものであるとともに、人々の活動を抑圧し疎外するものである。国家の意味は参加と疎外の両義性のうちにこそあるというべきであろう。

◉第二十七章

国家の経済思想(2)

近代産業社会はいわゆるネーション・ステート nation-state と歩みを共にしてきた。国民あるいは民族とは人種的、文化的、社会的になにほどかの同質性をもったものたちを少なくとも主要な構成員とする人々の集まりにほかならず、それが政府という政治的枠組みが与えられるとき、国民政府となる。これが、通常、政府のことを国家と読み違えて、国民国家と呼ばれている。市場経済の成立・発展には国家主義もしくは民族主義 nationalism の動きが一貫して随伴している。市場の論理そのものは、たとえば「資本は国境を越える」という言種によく表されているように、非政治的なものではある。しかしそれはあくまで純粋市場という虚構のなかでいえることであって、近代の市場経済が国民政府(国家)の枠から完全に自由になれたことは一度もないといって過言ではない。

国民政府

自由交換の思想・論理としての経済学は、基本的には、商品貿易 commodity trade および資本移動 capital movement の自由化を主張する。しかし、十九世紀、国際経済にたいするイギリスの自由主義的な政策が自由帝国主義といえるような帰結を顕著にもたらしたことも事実である。つまり、自由主義はイギリスの利益に帰着することが多かったのであって、イギリスと比べて後進的な諸国においては、自由主義による利益がないわけではなかったものの、それに伴う不利益も少なくなかったのである。

不利益は主に非経済的な領域における混乱というかたちで現れ、その混乱が結局は経済の領域にも悪影響を与えたのである。経済学は、たとえばリカードにはじまる比較優位 comparative advantage の理論によって、各国が相対的に有利な産業に特化するかたちで自由貿易を行えば、各国にとっても世界にとっても国際分業の利益がもたらされるのだと主張してきた。しかしそれは、たとえば諸生産要素の賦存量などというごく物質的な次元に着目すると同時に、あくまで短期的・静態的な視野に立った限りにおいてである。リストにはじまる幼稚産業保護論が端的に示しているように、後進諸国は、自由主義的な国際経済に対し様々な保護主義的な統制 control をほどこすことによって、長期的な経済発展のための総合的条件を育成することができるのである。

もちろん、経済学はそうした保護主義の便益についてもいろいろな分析を展開してきた。関税 tariff、輸入課徴金 import surcharge、輸出補助金 export subsidy のような貿易間接統制について、そして輸入割当 import quote、輸出制限 export restraint のような貿易直接統制について、経済学は様々な研究をつづけてきた。また資本移動についても、外国証券の購入というかたちでの間接投資や外国における企業設立というかたちでの直接投資という自由な資本移動の問題にとどまらず、外国援助 foreign aid のような保護主義的行動についても研究を行ってきた。しかしそれらの研究は、あまりにも複雑な経済的および非経済的な諸要因についての考察を必要とするために、分析というよりも観察にとどまっていることが多いようである。つまり、事実を集積し整理するのすら大変な仕事なのであって、それらについてなんらかの政策提案が行われることがあっても、それは分析的判断というよりも、経験やヴィジョンをたっぷりと含んだ総合判断であることが多いのである。

国際経済機構

自由主義が全面的に承認され、そして国際的決済 international settlement が金《きん》でなされているとすれば、国際的な経済機構は、ちょうど国内政府が夜警国家であればよいのと同じように、最小限にとどめられる。しかし管理通貨制度に移行すればそうはいかない。国際機構の整備に失敗すればどれほど深刻な事態に陥るかは、一九三〇年代から第二次大戦にかけての、いわゆるブロック経済 bloc economy の体験によって証明済みである。他の経済圏からの経済的・政治的な悪影響を断ち切るためにつくられたブロック経済はおおよそ経済活動の停滞や縮小を招く結果となったのである。

第二次大戦後、アメリカの牽引によって国際通貨基金 International Monetary Fund, IMFが設立された。それは、固定為替相場 fixed exchange rate の下で、アメリカ・ドルを基軸通貨 key currency として国際的決済をなすための制度である。しかし、一九六〇年を通じてアメリカの競争力の低下が顕在化されるにつれ、この制度をそのままのかたちで維持するのは困難になり、一九七三年、ついに変動為替相場 flexible exchange rate に移行したのであった。

またＩＭＦと並んで、関税および貿易にかんする一般協定 General Agreement on Tariffs and Trade, ＧＡＴＴが結ばれていた。それは、関税引下げや輸入制限の廃止などを促進して、世界経済を活性化しようとするものである。しかしＧＡＴＴも、いわゆる南北問題の顕在化につれて欠陥を露呈する。つまり、先進国と後進国を一律に取り扱おうとするＧＡＴＴの精神が、一方では石油輸出国機構 Organisation of Petroleum Exporting Countries, ＯＰＥＣの動きに代表される資源ナショナリズムの昂揚と、他方では貧しい資源しかもたぬ種類の後進諸国における経済的困窮の広まりとによって、頓座をきたすことになった。一九七三年、国連において新国際経済秩序 New International Economic Order, ＮＩＥＯが宣せられることにより、南北問題を前提にしたうえでなければ、貿易、関税、資本移動そして援助の問題を論じることが難しくなったのである。

ＩＭＦ体制の動揺においては、アメリカのものを先頭とする先進諸国の経済ナショナリズムが顕著である。そしてＧＡＴＴの動揺においては、後進諸国の経済ナショナリズムが前面に出る。いずれにせよ、世界経済は国民政府という政治的要素を抜きにしては考えられないのである。そしてそうしたナショナリズムの相克の背景には、各国民国家がそれぞれに異なった自然的、文化的、社会的、政治的な諸条件を有しているという事情がある。しかもそれらの諸条件は、各国において、歴史的な変遷の過程を異にしている。経済理論によって説き明かされる国際分業の利益なるものは、こうした不均質の諸条件の不均等発展という事実を捨象したところに構想されるものにすぎない。

しかし、ある程度の均質性や均等性が保証されている地域では、経済ナショナリズムを克服するような経済統合 economic integration がすすんでもいる。欧州共同体 European Communities, ECがその典型といえよう。域内の共通関税を中心にして、ECは国民国家の障壁をのりこえる実験を企てたわけである。それが、二十一世紀に入って、ユーロ（欧州通貨）の誕生となって、EU（ヨーロッパ同盟）という形での商品の自由公交易圏にして人間の自由移動圏を生み出したのは周知のところだ。

総じていえば、経済ナショナリズムによる対立の契機と市場論理による調和の契機とがからみあっているのが世界経済なのである。表面だけをみれば、多国籍企業の活動にみられるように国民国家の壁はますます薄くなっているように思われる。情報も貨幣も、人間も組織も、かつてない規模と速度で国境を越えているのは確かである。

「国境なき経済」borderless economy の到来とすらいわれているのが今日の状況である。しかし忘れてならないのは、現在の世界経済が国際摩擦 international friction の時代でもあるということである。国家間の相互依存が強まれば強まるほど、相互対立もまた広範かつ根深いものになっていく。ボーダーレスとボーダーフルは国際関係における楯の両面なのだといわなければならない。

◉第二十八章

グローバリズム

現在の地球globeを隈なく覆っているのは、経済取引の手法を世界規模で画一化し、企業および家族の経済行動を世界規模に拡大せんとするグローバリズムである。ただし、政治におけるコスモポリタニズム（世界連邦主義）が人間主義《ヒューマニズム》や平和主義のイデオロギーから出てきたものであるのに対し、経済のグローバリズム（広域主義、世界主義）はあくまで資本主義（資本利潤や資本蓄積への執着）の態度によってつらぬかれている。

世界標準

グローバリズムは経済制度の標準standardが世界にあって画一的でありうるし、あるべきだとする。なぜそういう理屈を通そうとするのかというと、「政府介入（政府規制）の極小化」としての（第二十五章で触れた）新々自由主義あるいは市場原理主義、それがグローバリズムをもたらしたからである。

だが、いかなる市場であれ、「競争 competition はほぼ対等の力量の持ち主のあいだの競合 emulation である」という原則を、たとえ偽装にせよ、守らなければならない。市場を公然と弱肉強食の場にするのでは、市場が社会制度として落ち着くはずがない。いったい誰が「競争の公正性」を装う形での世界標準を設定するのか、という政治的あるいは権力的な問題からグローバリズムは自由でおれないのである。UN（国連）という国際機関がそれを最終的に承認するなどといってみても、国連それ自体が、様々な国家代表たちのあいだの、権力的な争闘の場であることを忘れてはならない。

世界標準は、政治的さらには軍事的な覇権 hegemony を有する超大国 super power によって、あるいはいくつかの超大国のあいだの交渉によって定められる。しかも、自国優先主義 unilateralism に陥りがちなのが超大国である以上、グローバリズムに帝国主義 impelialism が潜在していることは疑うべくもない。大東亜戦争後の我が国は、日米（軍事）同盟の虚構にすがって生きてきた。それで、アメリカ主導のグローバリズムにたいする防波堤をほとんど失うに至っている。その結果、TPP（トランス・パシフィック・パートナーシップ、関税撤廃を中心としてアメリカ型経済制度を全面的に受容しようという「環太平洋経済協定」）すらもがこの列島で罷り通るといった仕儀に立ち至っているのである。

自由貿易のイデオロギー

国家間の自由貿易は、簡略にいって両当事国が売りたいものを売り買いたいものを買うという理由によって、双方に経済的利得をもたらす、とみるのが自由貿易（礼賛）の第一命題である。第二命題はというと、各国に相対的にみてより豊富に賦存している生産要素を相対的により多く使用する産業のほうに特化していくならば、自由貿易のメリットがさらに強められるという（いわゆる「比較優位」の）説である。しかも、両命題には「各国が完全雇用を享受している」という前提がおかれているときている。この根拠薄弱な両説がイデオロギー（当事者たちが共有する固定観念）となって、自由貿易に対抗せんとする保護主義 protectionism はどんなものであれ悪政である、とみなされている。こういう経済世論が確立されてしまっているのだ。

しかし、このグローバリズムの時代にあっては、資本や技術はいうに及ばず、労働までもが国際的に移動可能 shiftable である。各国が完全雇用から遠い状態にあり雇用対策に各国政府が悩んでいる、というのも事実である。それなのに、どうして、自由貿易のイデオロギーは健在でありえているのか。それは、「自由があれば（規制がなければ）革新への活力が強まる」という人間観や社会観が信じ込まれているからだ。

その意味での自由「主義者」は人間の活力の何たるかを知らないといってよい。活力は、一つに、人間の価値観 value に根差す。二つに、活力は人それぞれの抱く未来（の「長期展望」）へのヴィジョンに依存する。三つに、活力は人の所属する共同体 community や社会体 society や組織体 organization の強さにかかわっている。それらはすべて「国家の統治 ruling」の安定ということと無縁でおれないのだ。自由貿易の拡大が国家統治を危うくしているまさにそのときに、自由貿易によって国民の（たとえば企業倒産や失業増大に抗せんとする）活力が増大させられるとみるのは悪い冗談でしかない。

国家経済

人は国民 nation の一人として経済活動を営む。ネーションには歴史 history があり、そして各国は固有の歴史をもつ。そうであるからには、いかなる経済にもナショナル・エコノミー（国民経済）の刻印が押される。それのみならず、国民は、集団的な自己統治のために、政府 state を構成し、そのネーション・ステート（国民国家というよりも国民政府、つまり「国民」の「家制」としての「国府」＝「国家」）が経済に対して最も重要な秩序を与える。その秩序が、基底部には徳律（慣習体系としての道徳律）を、中間部には法律（成文化された「禁止の体系」）を、そして上層部にあっては経済政策 economic policy の決定と実行を保証する。その意味で、経済は「国家経済」としてのみ安定的に存続できるのである。

国家は、外面でみれば、「保護と自由」のあいだの平衡 balance で成り立っている。保護 protection の原義は「前面を覆う」ことである。たしかに、前面が丸裸の経済は国際社会の餌食となるか、あるいは（ある種の多国籍企業のように前面に角が出ていれば）国際社会を食い荒らす元凶となる。他方、資源の入手であれ商品の販売であれ、自給自足経済 autarchy は昔日のものであって、現代の市場競争では歓迎されないし活発にもならない。二つに、これから始まる未来への競争が差別的な結果しかもたらさないと予想されるなら、少なくとも差別される（と見通す）がわの人々の市場への参加意欲が弱まる。結果の平等がある程度に保証されていなければ、機会の平等は（法律の条文などに）形骸化されてしまう。現に、市場原理主義は、一方に暴利 profit を得る少数者と、そして他方に搾取 exploitation されていると感じている多数者とのあいだの大いなる確執をもたらしているのである。

◉第二十九章

ＩＴ革命という社会病理

市場原理主義と世界画一主義とを産み落としたのは、ＩＴ（情報技術）革命という客観的な事態が世界に均一に到来している、とみる世界観にほかならない。ＩＴ革命とは、高度な情報技術を利用すれば世界の未来がストカスティックつまり確率的にではあるが的確に予測できる、とする技術万能論のことである。

技術主義

古代ギリシャでは、「生活の知恵」に属する類の経験知のことをさして、テクネーと呼ばれていた。しかし近代にあっては、「数量化と形式（システム）化とが可能」な知識が情報 information と呼ばれ、その情報のシステムが技術 technology と名づけられるようになった。なるほど、型 form の中 in に収まるのが information であり、論理

logos に収められる暮らし向きに有用な知識 technē が technology ではある。

しかし、所定の技術に対してその枠組みを与えたのは何なのか。それはあくまで（何らかの価値観にもとづく）感情である。そして現代の大衆社会 mass society では、「単純性と刺激性」に煽られる感情が流行 fashion となり、その流行の変遷に適合するような技術革新 technological innovation だけが選びとられる、少なくともその傾きが強い。大衆 mass という名の大量人 massman たちが社会の多数派をなす。そのことを確認しておけば、現代の技術主義的な文明によって、少数派の情操 sentiments に叶うテクネーは足蹴にされ、多数派のオピニオン（根拠の定かならぬ憶測）に迎合するような技術だけが繁栄する。

シュペングラー O. Spengler の「文明の没落」論によれば、人々の精神が技術主義的となることによって、繊細な活力に満ちた「文明の春・夏」が凡庸で不活発な「文明の秋・冬」へと転落していく。実際、あり余る技術のなかで人々が（「ひきこもり」や「いじめ」を見本とする）退屈や不安にとらわれている。それは、技術という客観的な平面を現代人が滑走しつづけているうち、国民に固有の歴史・価値・規範を忘却した姿と思われてならない。

確率という幻想

時間的に不可逆 irreversible なものとしての歴史においては、人間の生 life は本質的に一回限り once for all の現象である。それについて確率分布 random distribution を、ましてや平均値を基準にして（事象が左右対称にお行儀よく分布する）正規分布 normal distribution を想定するのは、知的な詐術に当たる。確率現象は「反復実験の可能な」事象についてのみいえることだ。歴史の流れにあっては、人々の欲望の性質、価値・規範の在り方、技術の種類、社会の制度、国際関係の状態などのすべてが変化している。そこで得られた資料 data をつかって未来を確率的に予測するという思考法は、無意味とはいわぬまでも、たかだか短期未来についてのみ妥当する種類のものにすぎない。

いや、人間の短期未来への予測は、かならずや長期未来を予想した上で組み立てられる。長期未来が（予想はされえても）予測できないのに短期未来を予測するわけにはいかない。現に、ＩＴ革命論にもとづいて派生証券 derivative を作り出し、この派生証券の将来の収益と危険 risk とを確率的に予測した上でスペキュレーション（思索を巡らせた投機）を行う、と称する証券資本主義は（多くの場合）詐欺も同然の振る舞いにすぎなかった。

確率論の過てる適用にもとづくIT革命論、それが現代資本主義を（証券から物財の次元に及んで）きわめて不安定なものにしている。その不安定は「市場の失敗」というようななまやさしいものではない。甚だしい不安定が未来に待ち構えていると予想されるとき、「市場の成立」が妨げられる。いわゆる「産業の空洞化」はその段階にまで達しつつある。資本主義は今や「砂漠の毒花」の観を呈しつつあるようにすらみえる。

危険と危機

ナイト F. Knight が不確実性 uncertainty と呼んだのは確率的に予測できない未来事象のことで、今ではそれを危機 crisis と呼び替えて、危険 risk と区別するのが適切であろう。いわゆる構造改革の騒ぎにおいて、危険取得 risk taking こそが人間の活力としてもてはやされてきたが、実際に生じていたのは「危機への突入」なのであった。どだい、社会の全体に構造改革 structural reform を仕掛ければ、社会が価値・規範の中心を見失って漂流状態に入るにきまっている。

危機管理ということがよくいわれるが、管理可能 manageable なのは危険についてまでである。危機は歴史的英知 historical wisdom 、経験知 experiential knowledge あるいは実践知 practical knowledge によってかろうじて統治 rule されうるにとどまる。管理はITによって遂行されようが、統治はHOつまりヒューマン・オーガニゼーション（人間組織）によって行われる。HOのことをほぼ完全に視野の外においてきた経済学には、危機統治について多言を弄する資格はない。

HOはその根底において歴史的な共同体としての性格を有しており、その意味でHOはNOつまりネーションズ・オーガニゼーション（国民組織）でなければならない。消費者における家族制度、生産者における企業組織、市場における地域社会そして政策における政府機関、それらが国民組織としてどれほど強靭もしくは脆弱であるか、そのことを抜きにしてこの危機に満ちた資本主義的市場の未来を語ってはならないのである。

◉第三十章

総合の経済思想

学際的接近

経済学が純粋理論となるのは、経済活動が他の活動から分離されて孤立系 isolated system をなしていると考えられる場合である。この孤立系の想定が最もよく妥当するのは、やはり、経済人 homo-economicus の人間観を採用するときであろう。個人の欲望については物欲、そして社会の制度については物質過程が最も基礎的であろうとみなし、そういう基礎的な次元の問題ならば、それを孤立させて論じることに十分な意味があるだろうとする見方、それがホモ・エコノミクス観である。

しかしホモ・エコノミクスの想定は経験に適合しない。いかなる物質的・技術的な活動についても、それに対し人間は独得の象徴的意味を与えている。その意味化作用を通じて、経済過程に政治的、社会的および文化的な要素が入り込む。経済人のほかに政治人 homo-politicus、社会人 homo-sociologicus、そして象徴人 homo-symbolicus が協働するところに経済現象が現れるのである。経済人が貨幣をめぐって行為するのに対し、政治人は権力をめぐって、社会人は役割をめぐって、さらに象徴人は価値をめぐって行為する。そして経済現象とは、見かけは貨幣現象となるにしても、権力、役割および価値にかかわる現象との複合体なのである。

この複合を解明しようというのがいわゆる学際的接近 interdisciplinary approach である。経済学のみならず、政治学、社会学および文化学をも動員して経済現象に取り組もうというのである。学際的接近の必要は一九五〇年後半あたりから唱えられはじめ、様々な試みが行われてきている。

しかし、大略、学際研究はみるべき成果を挙げていないのが実情である。その最大の理由は、諸科学のあいだの共働を指示する枠組みが欠如している点にある。のみならず、それぞれの専門学者が他の専門について無知であるという状態の下で、協働をなそうとしている傾向すらみられる。いってみれば、相手の言葉を知らない異国人同士が互いの意思疎通を可能にする辞書を欠いたままで話し合おうとするようなものでである。

超学的接近

ミュルダールは、専門学者のそれぞれが自己の学問境界を越え出て他の専門知を摂取し、それを自分の研究に活用していくというやり方を提案した。いわゆる超学的接近 transdisciplinary approach がそれである。互いに専門領域を越境するならば、そこに相互の重複研究領域がうまれてくる。それが専門人同士のあいだでの協働作業の根拠になりうるわけである。また、現象のある側面を研究している者にとって、他の側面にかんする専門知のどれがどのように必要であるかは、自分で判断しなければならないものでもある。他者の情報提供に受動的に応じるのが学際研究であり、必要な情報を能動的に求めていくのが超学的接近であるといえる。

実は、経済学の先人たちはそうした能動的活動を行っていたのである。スミスにせよマーシャルにせよケインズにしろ、ともかく経済学説史上に名を残すような学者のほとんどは単なる経済学者なのではなかった。彼らの経済分析はなにほどか総合的な人間認識であり社会認識なのであった。逆にいうと、総合的なるものとしての人間および制度が物質・技術においていかに顕現してくるかをみるのが彼らの経済学だったのである。しかし専門科学の発達につれ、人間観・社会観はますます狭隘なものになり、その狭隘さによって保証される形式的分析の厳密さを武器にして、専門知はそれぞれの版図を拡張するということになった。

超学的接近は、あえていえば、専門人が他の学問にかんする素人知を身につけることによって、ふたたび総合知へ向けて接近しようとする企てだということができる。それは、素人知である以上、曖昧さを免れえないものではある。しかし、互いに分断された個別専門知の弊害が明らかになった現在、厳密さのみにこだわりつづけるのは、いわば科学をテクノロジズム（技術主義）という名のイデオロギーに堕とす途だといわなければならない。

解釈学的接近

ところで、社会科学における専門知の最大の欠陥は、経済学に典型をみるように、その形式的厳密性の反面として、経験世界についての意味ある解釈に失敗するという点にある。仮説－演繹の作業のみならず仮説－検証の作業もまた、その厳密性のみによっては経験世界との連絡を保証されないのである。事実、互いに相反する仮説がそれぞれ実証的には棄却されない、ということが頻繁に生じている。仮説 - 形成が問題になるのはここにおいてである。経験のなかから仮説を、あるいは仮説の前提となる公理、公準そして仮定を、さらにはそれらの組み合せを、いかに形成するかということである。先に述べた社会科学の基礎論なるものも、そういう仮説ー形成の作業のなかに展望されうる。

人間の経験世界は言語さらには記号によって秩序化されている。その秩序が攪乱されることがあるにしても、それも言語・記号によってである。経験世界は日常的なあるいは生活的な言語・記号によって編成されている。その日常的生活的な言語・記号を人工的概念的な言語・記号に写すのが仮説 - 形成の作業である。日常言語はつねに、有機的全体といってよいほどの、複雑な連関のなかにある。その連関を解釈するのが社会科学の基礎論にほかならない。

この基礎論は、まずもって、人間行為にかんする統一的な解釈体系を打ち立てようとするものである。というのも人間の経験世界が意味連関の複合体をなしているからである。この意味連関を解釈しうるような概念体系、それが基礎論であり、それによって超学的接近のための見晴らしが与えられる。

基礎論への手掛かりは経済学そのものを含めた社会科学の蓄積のうちにある。つまり、社会科学における既存の諸仮説といえども人間の経験のなかから出てきたものである。経験世界の局所を写しとるものとしてあれこれの仮説が組み立てられてきたわけである。それらの仮説のあいだの優劣が統計的な検証によっては判別されにくいというのも、それぞれが経験の様々な部分を汲みとっているものであるからにほかならない。そうだとするなら、社会科学の諸仮説の連関を、それらにおいて用いられている諸概念を、それらの概念に込められている様々な意味の連関を、明らかにするところから基礎論を形づくっていくことができる。なぜなら、それらの諸仮説、諸概念そして諸意味は経験世界の全体性に対応するものだからである。

思想史あるいは学説史のもつ重要なはたらきもそこにある。それは単なる訓詁学に奉仕するものではけっしてない。思想・学説の長い流れのうち、人間の経験世界の全体性を再構成するのに必要な要素がちりばめられているからこそ、それらの比較検討をしてみることに意義があるのである。どの思想・学説が正しくどの思想・学説が誤っているかというようなことを知るのが思想史・学説史の役割なのではない。すべての思想・学説は、たとえそれらにおびただしい歪曲や誇張や錯覚が含まれているとしても、まぎれもなく経験世界の一部を説明しようとするものであった。経験世界の全体性を回復しようとするものは、それらすべてを貴重な情報源として、社会科学の基礎論としての総合的な解釈体系をつくりあげていかなければならない。

参考文献

Allen, R. G. D., *Macro-econolic Theory*, 1967（新開陽一・渡部経彦訳『現代経済学』東洋経済新報社、一九六八年）
Blaug, M., *Economic Theory in Retrospect*, 1962（久保・真実・杉原・宮崎・関・浅野訳『経済理論の歴史』東洋経済新報社、一九六六〜六八年）
Myrdahl, K. G., *Vetenskap och politiki i nationalekonomien*, 1930（山田雄三・佐藤隆三訳『経済学説と政治的要素』春秋社、一九六七年）
Robbins, L. C., *An Essay on the Nature and Significance of Economic Science*, 1932（辻本兵衛訳『経済学の本質と意義』東洋経済新報社、一九五七年）
Schumpeter, J. A., *History of Economic Analysis*, 1954,（東畑精一訳『経済分析の歴史』岩波書店、一九五五〜六二年）

創刊の辞

この叢書は、これまでに放送大学の授業で用いられた印刷教材つまりテキストの一部を、再録する形で作成されたものである。一旦作成されたテキストは、これを用いて同時に放映されるテレビ、ラジオ（一部インターネット）の放送教材が一般に四年間で閉講される関係で、やはり四年間でその使命を終える仕組みになっている。使命を終えたテキストは、それ以後世の中に登場することはない。これでは、あまりにもったいないという声が、近年、大学の内外で起こってきた。というのも放送大学のテキストは、関係する教員がその優れた研究業績を基に時間とエネルギーをかけ、文字通り精魂をこめ執筆したものだからである。これらのテキストの中には、世間で出版業界によって刊行されている新書、叢書の類と比較して遜色のない、否それを凌駕する内容のものが数多あると自負している。本叢書が豊かな文化的教養の書として、多数の読者に迎えられることを切望してやまない。

二〇〇九年二月

放送大学長　石　弘光

放送大学

学びたい人すべてに開かれた
遠隔教育の大学

〒261-8586 千葉市美浜区若葉2-11
Tel: 043-276-5111　Fax: 043-297-2781　www.ouj.ac.jp

西部 邁（にしべ・すすむ）
評論家。横浜国立大学助教授、東京大学教授、放送大学客員教授、鈴鹿国際大学客員教授、秀明大学学頭を歴任。雑誌「表現者」顧問。1983年『経済倫理学序説』で吉野作造賞、84年『気まぐれな戯れ』でサントリー学芸賞、92年評論活動により正論大賞、2010年『サンチョ・キホーテの旅』で芸術選奨文部科学大臣賞を受賞。『ソシオ・エコノミクス』『大衆への反逆』『知性の構造』『友情』『ケインズ』『生と死、その非凡なる平凡』など著書多数。

1939年　北海道に生まれる。
64年　東京大学経済学部卒業
70年　横浜国立大学経済学部助教授
73年　東京大学教養学部助教授
86年　東京大学教養学部教授
88年　東京大学辞任
2018年　死去

本書は『近代経済思想』（放送大学教育振興会、1987年）を元に加筆・訂正を行った

シリーズ企画：放送大学

西部邁の経済思想入門

2012年6月30日　第一刷発行
2021年1月30日　第四刷発行

著者　西部邁

発行者　小柳学

発行所　左右社
〒150-0002 東京都渋谷区渋谷2-7-6 金王アジアマンション502
Tel: 03-3486-6583　Fax: 03-3486-6584
http://www.sayusha.com

装幀　松田行正＋山田和寛

印刷・製本　光邦

Printed in Japan ISBN978-4-903500-77-5

放送大学叢書

方丈記と住まいの文学
島内裕子　定価一八〇〇円＋税

戦前史のダイナミズム
御厨貴　定価一八五〇円＋税

ヘーゲルを読む　自由に生きるために
髙山守　定価二二〇〇円＋税

社会調査　しくみと考え方
原純輔　定価一八五〇円＋税

日本音楽のなぜ？　歌舞伎・能楽・雅楽が楽しくなる
竹内道敬　定価一八五〇円＋税

貨幣・勤労・代理人　経済文明論
坂井素思　定価一八五〇円＋税

医学の歴史　歩みを担った人たち、そして体制
多田羅浩三　定価二三〇〇円＋税

日本社会の変動と教育政策　新学力・子どもの貧困・働き方改革
小川正人　定価一八〇〇円＋税

現代中国　都市と農村の70年
浜口允子　定価一八〇〇円＋税

となりの心理学
星薫　定価一八〇〇円＋税

新・住宅論
難波和彦　定価二五〇〇円＋税

衝突と共存の地中海世界　古代から近世まで
本村凌二・高山博　定価一七〇〇円＋税

響映する日本文学史
島内裕子　定価一八〇〇円＋税

遊環構造デザイン　円い空間が未来をひらく
仙田満　定価二五〇〇円＋税